EHS란 Environment, health and safety로 환경보건안전 직무입니다.

로고의 그림은 출판업을 의미함과 동시에 책을 통해 저자의 획기적인 공부법을 구매자와

공유하고자 하는 의미입니다.

CONTENTS

목차

00. (필독!) 작가 자기소개 및 8일 공부법 및 이 책의 특징

  및 위험물산업기사 기본정보 ·· 5p

01. 2011~2024년 필답 계산형

  기출 중복문제 소거 정리 ·· 13p

02. 2011~2024년 필답 서술형

  기출 중복문제 소거 정리 ·· 29p

03. 2022년

  필답형 기출문제 ··· 159p

04. 2023년

  필답형 기출문제 ··· 183p

05. 2024년

  필답형 기출문제 ··· 205p

06. 미출시 필답형 문제

  신출 대비 ··· 229p

INFORMATION

정보

(필독!) 작가 자기소개 및 8일 공부법 및
이 책의 특징 및 위험물산업기사 기본정보

잠깐! 더 효율적인 공부를 위한 링크들을 적극 이용하세요~!

직8딴 홈페이지

- 출시한 책 확인 및 구매

직8딴 카카오오픈톡방

- 실시간 저자의 질문 답변
(주7일 아침 11시~새벽 2시까지, 전화로도 함)
- 직8딴 구매자전용 복지와 혜택 획득
(최소 달에 40만원씩 기프티콘 지급)
- 구매자들과의 소통 및 EHS 관련 정보 습득

직8딴 네이버카페

- 실시간으로 최신화되는 정오표 확인
(정오표: 책 출시 이후 발견된 오타/오류를 모아놓은 표, 매우 중요)
- 공부에 도움되는 컬러버전 그림 및 사진 습득
- 직8딴 구매자전용 복지와 혜택 획득

직8딴 유튜브

- 저자 직접 강의 시청 가능
- 공부 팁 및 암기법 획득
- 국가기술자격증 관련 정보 획득

1 작가 자기소개

대기업에서 EHS(Environment, health and safety, 환경보건안전)관리를 해 오신 아버지 밑에 자라 자연스레 EHS에 대해 관심을 가지게 되었습니다.

그로 인해 수도권 4년제 환경에너지공학과를 나왔고, 최근 대기업에서 EHS관리를 직무로 근무했습니다.

저에겐 버킷리스트가 있습니다.

바로 EHS 관련 자격증을 전부 취득하는 것입니다.

2025년 1월 기준 29살에 12개의 EHS 자격증이 있으며 앞으로도 계속 취득할 것입니다.

여담으로 군대에서 기사 4개를 획득해 신문에도 나왔습니다.

기사 공부를 하다 문득 이런 생각이 들었습니다.

'내가 자격증을 적은 공부 시간으로 획득하는데 미래 EHS 관리인들에게 도움을 주는 방법이 있을까?'라는 생각이죠.

그로 인해 이렇게 저의 공부법과 요약법이 담긴 책을 만들기로 하였습니다.

보통 기사 하나를 취득하기 위해선 1~3달 걸린다고 하지만, 저는 필기 7일/실기 8일이면 충분합니다.

허나, 사람들에게 기사 공부하는데 8일 정도밖에 안 걸린다하니 아무도 믿지를 않습니다.

미래 EHS 관리인분들이 제 책으로 8일 만에 취득할 수 있다는 것을 보여주세요.

작가 SPEC

수도권 4년제 환경에너지공학과 졸업 (2014-2020)
군 복무 (2016~2018)
수질환경기사 취득 (2017.08)
산업안전기사 취득 (2017.11)
대기환경기사 취득 (2018.05)
신재생에너지발전설비기사(태양광) 취득 (2018.08)
소방설비기사(기계분야) 취득 (2021.08)
산업위생관리기사 취득 (2021.11)
폐기물처리기사 취득 (2021.12)
위험물산업기사 취득 (2021.12)
건설안전기사 취득 (2022.06)
대기업 근무(EHS 직무) (2021-2022)
환경보건안전 자격증 서적 전문 출판사(EHS MASTER) 창립 (2022.09)
환경기능사 취득 (2022.09)
소방안전관리사 1급 취득 (2023.03)
인간공학기사 취득 (2023.06)
토양환경기사 취득 (2023.09)
기사 취득 현재 진행 중 (2024.12~)

실기

1. 직8딴 실기 책을 산다.
2. '이것만 외워라' 파트를 무조건 프린트해서 다 외우고, 공부할 때 들고 다닌다.
3. 2024 실기 기출문제를 풀어본다.(단, 2024년 3회차는 풀지 않는다.) (약 2시간)
4. 자신의 밑바닥 점수를 알았으니 기출 중복문제 소거 정리 파트를 2회 푼다.
   오픈 카카오톡을 적극 활용하여 저자에게 질문을 많이 한다. 저자를 괴롭히자!
   모든 문제와 계산공식은 암기한다. (약 57시간)
5. 시험 당일 일찍 기상하여 예상점수 파악 목적으로 2024년 3회차를 풀어본다.
   불합격 점수가 나와도 좌절하지 않는다. (약 0.5시간)
6. 자신감 상승 목적으로 가장 점수가 잘 나온 회차를 푼다.
   시험은 자신감이 중요하다. (약 0.5시간)
7. 시험 현장에서는 자신이 따로 적은 취약한 문제나 계산공식을 훑어본다.

※ 시험장 관련 팁!

1. 09시 입실이라면 20분 정도 신원확인 및 주의사항 전파를 한다.
   즉, 진짜 시험 시작시간은 09시 20분이다. 그 사이 화장실 다녀오라고 한다.
2. 차를 타고 오는 응시자라면 최소 70분 일찍 도착한다.
   응시 경험상 60분 전부터 차들이 우루루 오거나 꽉 찬다.
3. 시험장 건물 오픈은 보통 1시간 전부터이며 PBT 경우는 바로 시험교실로 간다.
   CBT 경우는 대기실로 안내를 하고, 추후 시험교실로 안내를 한다.

※ 시험 응시 때 관련 팁!

0. 신분증/샤프/지우개/검은 펜/수험표(들고가는게 편함)을 준비하고 시험장으로 간다.
1. 일단 암기한 것들이 사라지면 안되니까 샤프로 휘갈기며 최대한 빨리 푼다.
2. 답을 못 적는 문제는 넘어간다.
3. 시험 문제를 다 풀었으면 다시 처음부터 재검토해본다. 계산이 맞는지, 답이 맞는지…
4. 이때 다 풀었다는 안도감에 못 적은 답들이 생각이 날 것이다.
5. 편안한 마음으로 샤프 자국을 매우 깨끗이 지우고 그 위에 검은 펜을 이용하여 정답을 작성한다.
6. 지워지는 펜, 기화펜 절대 금지하며 오타작성시 단순하게 두 줄 그으면 된다.

3 이 책의 특징

1. 기출문제 중복문제 소거

기출문제는 이미 다른 자격증 책에서도 볼 수 있습니다. 하지만 기출 중복문제를 소거해 요약한 책은 정말 없습니다. 국가기술자격증은 문제은행 방식이라 80%가 이미 나왔던 문제로 구성되어 있습니다.
위험물산업기사 실기 경우 필답형은 약 650문제를 230문제로 정리했습니다.
제 책은 그런 기출문제들을 요약하여 괜한 시간 낭비를 하지 않게 만들었습니다.

2. 답안 글자 수 최소화

아마 많은 이들이 법령 토씨 하나 틀리지 않고 적어야 정답처리 된다고 합니다. 그런 분들 볼 때마다 참으로 안타깝습니다... 그건 자격증을 잘 모르는 사람들이죠... 만약 문제가 '진돌이는 오늘 저녁 식사로 소고기 5인분을 진순이네 집에서 구워먹었다. 오늘 진돌이는 무엇을 했는지 쓰시오'라는 문제라면 '진돌이는 오늘 저녁 식사로 소고기 5인분을 진순이네 집에서 구워먹었다.'라고 쓰면 매우 완벽합니다. 허나 우리는 문제가 원하는 것만 써주면 됩니다. 즉, '소고기를 먹었다.'라고 써도 된다는 거죠. 다들 이걸 몰라요... 결론적으로 키워드와 의미전달에만 신경쓰면 됩니다. 8일 공부 후, 이렇게 답안 작성해서 딴 자격증이 12개인데 어떤 증빙을 더 해야 될까요?
제가 경험자이자 제가 증인입니다. 제 답안에 의심되시거나 불안함을 느끼시면 다른 출판사 책을 사십시오. 부탁입니다. 책과 구매자간의 신뢰가 가장 중요하다 생각되네요....이미 합격자도 많고요...

3. 관련 키워드 문제들끼리 정리

예를 들면 1번 문제가 A의 장점이면 2번 문제도 B의 장점에 관한 것으로 만들었습니다. 그렇기에 실제 암기하실 때 혼동이 안 올 것입니다. 보통 다른 책들은 설비별로 또는 공법별로 정리하는데 외울 때 혼동만 오게 됩니다. 다른 책 풀어보시면 알 것입니다.

ex)			
1. A 장점	2. A 주의사항	3. B 장점	4. B 주의사항 (X)
1. A 장점	2. B 장점	3. A 주의사항	4. B 주의사항 (O)

또한, 답변이 비슷한 것도 순서에 맞게 정리하였습니다.

4. 출제 빈도수 기재

문제 초반에 몇 번 출제되었는지 기재했습니다. ☆이 1개면 1번 출제이며 ★이 1개면 10번 출제되었다는 뜻입니다. 이를 통해서 암기 우선순위를 알 수 있게 하여 효과적으로 암기할 수 있게 했습니다.

5. 얇고 가벼운 책

이 책은 다른 출판사 책들처럼 두껍지도, 무겁지도 않습니다. 정말 좋죠. 하지만, 무시하면 큰 코 다칩니다. 이 책은 아주 밀도가 큰 알찬 책입니다. 실제 작년 구매자분들도 가볍게 생각하다 큰 코 다쳤습니다.

6. 저자의 실시간 질문 답변

저자는 현재 오픈 카카오톡을 통해 새벽 2시까지 질문에 대한 답변을 하고 있습니다. 이는 어떤 책 저자도 하지 않고 못하는 행동입니다. 많은 구매자들이 좋아합니다. 여담으로 저자분이 자기 옆자리에 있는 것 같다고 말하네요… 책 구매자분들은 책에 QR코드가 있으니 꼭 입장 부탁드립니다.

7. 이론이 없고 오로지 기출문제만 있다.

이론을 안 보고 실기를 합격할 수 있을지 의문이신가요? 전 실제로 필기든 실기든 이론은 보지 않고 기출문제부터 풉니다. 그 이유는 바로 시간 낭비이기 때문이죠. 알 사람은 압니다. 어차피 문제은행식이라 기출문제들만 풀고 외우면 그만입니다. 만약 그래도 이론 한 번은 봐야겠다 싶고, 시험목적이 아닌 직무에 초전문적인 지식을 습득하고 싶으시다면 다른 출판사 책을 사십시오. 부탁입니다. 하지만 문제 밑에 있는 해설만 보아도 충분할 겁니다. 즉, 기출문제만 봐도 합격하실 수 있습니다. 저를 믿고 따라오십시오. 어차피 제가 오픈카카오톡방에서 상세히 설명해드립니다.

8. 온라인으로 문제풀기 (feat. 모두CBT/유튜브 안전모/유튜브 도비전문가)

직장이나 학교, 버스나 지하철 또는 화장실에서 직8딴 문제를 풀어보고 싶나요? 모두CBT/유튜브 안전모, 도비전문가를 통해 온라인으로도 문제를 풀어볼 수가 있습니다! 모두CBT: 시간/장소 구애받지 않고 직8딴 문제를 직접 풀기 가능 유튜브 안전모: 시간/장소 구애받지 않고 직8딴 문제들을 암기법을 통해 재밌게 보기 가능 유튜브 도비전문가: 시간/장소 구애받지 않고 저자의 직8딴 강의 보기 가능

9. 실제 합격자의 책

이 책은 제가 직접 취득하여 낸 책으로 누구보다 응시자들의 맘을 잘 알고 있습니다. 어느 점이 공부할 때 어려운지, 어떻게 외워야 쉽게 외울 수 있는지 잘 알고 있지요. 그렇기에 믿고 보는 책이라 장담할 수 있습니다. 기사 자격증이 많은 만큼 세세한 것들도 잘 알죠… 저의 공부법과 요약방법들이 담긴 책으로 적은 시간을 소비하고 합격하시길 바랍니다.

4 위험물산업기사 기본정보

1. 시행처

한국산업인력공단

2. 개요

위험물을 발화성, 인화성, 가연성, 폭발성 때문에 사소한 부주의에도 커다란 재해를 가져올 수 있다. 또한 위험물의 용도가 다양해지고, 제조시설도 대규모화되면서 생활공간과 가까이 설치되는 경우가 많아짐에 따라 위험물의 취급과 관리에 대한 안전성을 높이고자 자격제도 제정

3. 수행직무

소방법시행령에 규정된 위험물의 저장, 제조, 취급조에서 위험물을 안전하도록 취급하고 일반작업자를 지시·감독하며, 각 설비 및 시설에 대한 안전점검 실시, 재해발생 시 응급조치 실시 등 위험물에 대한 보안, 감독 업무 수행

4. 관련학과

전문대학 및 대학의 화학공업, 화학공학 등 관련학과

5. 시험과목

-필기: 1. 물질의 물리화학적 성질   2. 화재예방과 소화방법   3. 위험물 성상 및 취급
-실기: 위험물 취급 실무

6. 검정방법

-필기: 객관식 4지 택일형, 과목당 20문항(과목당 20분)
-실기: 필답형(2시간, 100점)

7. 합격기준

-필기: 100점을 만점으로 하여 과목당 40점 이상, 전과목 평균 60점 이상
-실기: 100점을 만점으로 하여 60점 이상

8. 연도별 합격률

연도	필기			실기		
	응시	합격	합격률(%)	응시	합격	합격률(%)
2023	31,065	16,007	51.5%	19,896	9,116	45.8%
2022	25,227	13,416	53.20%	17,393	8,412	48.40%
2021	25,076	13,886	55.40%	18,232	8,691	47.70%
2020	21,597	11,622	53.80%	15,985	8,544	53.50%
2019	23,292	11,567	49.70%	14,473	9,450	65.30%
2018	20,662	9,390	45.40%	12,114	6,635	54.80%
2017	20,764	9,818	47.30%	11,200	6,490	57.90%
2016	19,475	7,251	37.20%	9,239	6,564	71%
2015	16,127	7,760	48.10%	9,206	5,453	59.20%
2014	13,503	6,355	47.10%	7,316	5,240	71.60%
2013	10,711	4,469	41.70%	5,535	2,734	49.40%
2012	8,637	2,715	31.40%	4,217	2,008	47.60%
2011	7,851	2,713	34.60%	4,960	1,588	32%
2010	8,126	3,119	38.40%	4,726	1,407	29.80%
2009	8,167	3,250	39.80%	4,367	1,751	40.10%
2008	7,514	2,287	30.40%	3,302	1,248	37.80%
2007	7,817	2,538	32.50%	3,525	1,660	47.10%
2006	7,263	2,724	37.50%	3,674	1,491	40.60%
2005	5,538	2,107	38%	3,061	1,057	34.50%
2004	3,809	1,221	32.10%	1,986	385	19.40%
2003	3,631	1,205	33.20%	2,044	210	10.30%
2002	3,241	919	28.40%	1,525	343	22.50%
2001	3,396	967	28.50%	1,612	541	33.60%
1977 ~2000	27,497	9,035	32.90%	11,863	4,370	36.80%
소 계	298,921	130,334	43.60%	171,555	86,272	50.30%

출처: 한국산업인력공단

위험물산업기사 2011~24년

01

필답 계산형
(기출중복문제 소거 정리)

잠깐! 더 효율적인 공부를 위한 링크들을 적극 이용하세요~!

직8딴 홈페이지
- 출시한 책 확인 및 구매

직8딴 카카오오픈톡방
- 실시간 저자의 질문 답변
(주7일 아침 11시~새벽 2시까지, 전화로도 함)
- 직8딴 구매자전용 복지와 혜택 획득
(최소 달에 40만원씩 기프티콘 지급)
- 구매자들과의 소통 및 EHS 관련 정보 습득

직8딴 네이버카페
- 실시간으로 최신화되는 정오표 확인
(정오표: 책 출시 이후 발견된 오타/오류를 모아놓은 표, 매우 중요)
- 공부에 도움되는 컬러버전 그림 및 사진 습득
- 직8딴 구매자전용 복지와 혜택 획득

직8딴 유튜브
- 저자 직접 강의 시청 가능
- 공부 팁 및 암기법 획득
- 국가기술자격증 관련 정보 획득

001   ☆☆☆☆☆

횡으로 설치한 원통형 탱크 용량(L)을 구하시오.(탱크 공간용적: 5%)

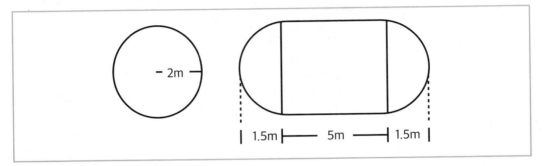

$V = \pi r^2 (\ell + \dfrac{\ell_1 + \ell_2}{3}) = \pi \cdot 2^2 (5 + \dfrac{1.5 + 1.5}{3}) = 75.398 m^3$

공간용적 5%이니 $75.398 m^3 \cdot 0.95 = 71.6281 m^3 = 71,628.1L$

원통형 탱크 용량: 71,628.1L

002   ☆☆☆☆

종으로 설치한 원통형 탱크 용량(m^3)을 구하시오.

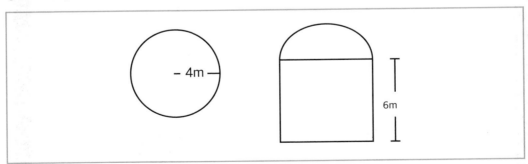

$V = \pi r^2 \ell = \pi \cdot 4^2 \cdot 6 = 301.59 m^3$

301.59m^3

003 ☆

다음 조건의 탱크일 때 횡형과 종형 모양의 탱크 용량(m^3)을 구하시오.

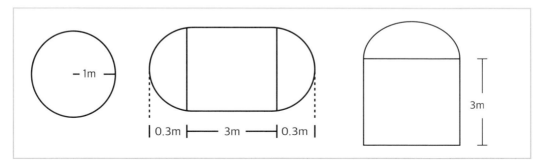

해 횡형 : $V = \pi r^2 (\ell + \dfrac{\ell_1 + \ell_2}{3}) = \pi \cdot 1^2 (3 + \dfrac{0.3 + 0.3}{3}) = 10.05 m^3$

종형 : $V = \pi r^2 \ell = \pi \cdot 1^2 \cdot 3 = 9.42 m^3$

답 횡형 : $10.05 m^3$ 종형 : $9.42 m^3$

004   ☆☆

옥외에 구조를 바꾼 종으로 설치한 원통형 탱크에 관한 물음에 답하시오.

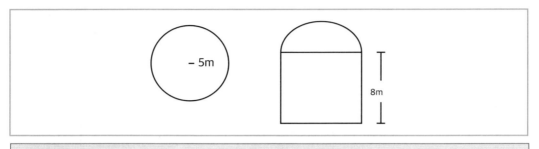

1. **용량(m^3)(탱크 공간용적: 10%)**   2. 기술검토 여부   3. 완공검사 여부   4. 정기검사 여부

해 1. $V = \pi r^2 \ell = \pi \cdot 5^2 \cdot 8 = 628.319 m^3$
   공간용적 10%이니 628.319m³ • 0.9 = 565.49m³

2. 「소방산업의 진흥에 관한 법률」에 따른 한국소방산업기술원(이하 "기술원"이라 한다)의 기술검토를 받고 그 결과가 행정안전부령으로 정하는 기준에 적합한 것으로 인정될 것.
   가. 지정수량의 1천배 이상의 위험물을 취급하는 제조소 또는 일반취급소: 구조·설비에 관한 사항
   나. 옥외탱크저장소(저장용량이 50만 리터(= 500m^3) 이상인 것만 해당한다) 또는 암반탱크저장소: 위험물탱크의 기초·지반, 탱크본체 및 소화설비에 관한 사항

3. 규정에 따른 허가를 받은 자가 제조소등의 설치를 마쳤거나 그 위치·구조 또는 설비의 변경을 마친 때에는 당해 제조소등마다 시·도지사가 행하는 완공검사를 받아 규정에 따른 기술기준에 적합하다고 인정받은 후가 아니면 이를 사용하여서는 아니된다.

4. 정기검사를 받아야 하는 특정·준특정 옥외탱크저장소(액체위험물의 최대수량이 50만리터(= 500m²) 이상인 것)의 관계인은 다음 각 호의 구분에 따라 정밀정기검사 및 중간정기검사를 받아야 한다.

답 1. 565.49m^3 2. 받아야 함   3. 받아야 함   4. 받아야 함

005 ☆

다음 조건을 이용해 제조소의 방화상 유효한 담(= 방화벽) 설치 높이(m)를 구하시오.

- **제조소등의 외벽의 높이**(a): 40m
- **인근 건축물 또는 공작물의 높이**(H): 50m
- **제조소등과 방화상 유효한 담과의 거리**(d): 5m
- **제조소등과 인근 건축물 또는 공작물과의 거리**(D): 10m
- p: 0.15

⊞ 법에 의해 $H \leq pD^2 + a$이면 방화벽 높이 = 2m이고, $H > pD^2 + a$이면 $h = H - p(D^2 - d^2)$이다.

$H = 50, pD^2 + a = 0.15 \cdot 10^2 + 40 = 55$

$\rightarrow 50 \leq 55$

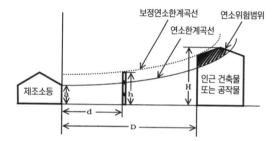

D: 제조소등과 인근 건축물 또는 공작물과의 거리(m)

H: 인근 건축물 또는 공작물의 높이(m)

a: 제조소등의 외벽의 높이(m)

d: 제조소등과 방화상 유효한 담과의 거리(m)

h: 방화상 유효한 담의 높이(m)

p: 상수

🗒 2m

006 ☆☆☆

공간용적이 있는 양쪽 볼록한 타원형 탱크 용량(m^3)의 최댓값, 최솟값을 구하시오.

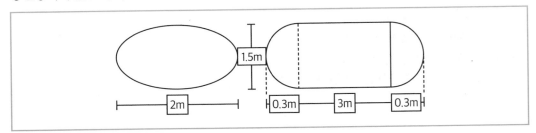

해 탱크의 공간용적은 탱크의 내용적의 100분의 5 이상 100분의 10 이하의 용적으로 한다.

$$V = \frac{\pi ab}{4}(\ell + \frac{\ell_1 + \ell_2}{3}) = \frac{\pi \cdot 2 \cdot 1.5}{4}(3 + \frac{0.3 + 0.3}{3}) = 7.54$$
$$\rightarrow 7.54 \cdot 0.9 = 6.79m^3, \quad 7.54 \cdot 0.95 = 7.16m^3$$

답 최솟값: $6.79m^3$ 최댓값: $7.16m^3$

007 ☆☆☆☆☆

옥외저장소에 옥외소화전설비를 각각 3개와 6개 설치 시 필요한 수원의 양(m^3)을 구하시오.

해 수원의 수량은 옥외소화전의 설치개수(설치개수가 4개 이상인 경우는 4개의 옥외소화전)에 13.5m³를 곱한 양 이상이 되도록 설치할 것

답 3개: $13.5m^3 \cdot 3 = 40.5m^3$ 이상   6개: $13.5m^3 \cdot 4 = 54m^3$ 이상

008 ☆☆

옥내저장소에 옥내소화전설비를 4개 설치 시 필요한 수원의 양(m^3)을 구하시오.

해 수원의 수량은 옥내소화전이 가장 많이 설치된 층의 옥내소화전 설치개수(설치개수가 5개 이상인 경우는 5개)에 7.8m³를 곱한 양 이상이 되도록 설치할 것

답 $4 \cdot 7.8m^3 = 31.2m^3$ 이상

009
☆

옥외탱크저장소 2개에 휘발유 내용적 5천만L에 3천만L를 저장하고, 경유를 내용적 1억 2천만L
의 탱크에 8천만L를 저장할 때 다음 물음에 답하시오.

1. 작은 탱크 최대용량(L)	2. 방유제 용량(공간용적 10%)(L)	3. 중간에 설치된 설비 명칭

해 1. 탱크 공간용적은 탱크의 내용적의 100분의 5 이상 100분의 10 이하의 용적으로 한다.

2. 방유제의 용량은 방유제 안에 설치된 탱크가 하나인 때에는 그 탱크 용량의 110% 이상, 2기 이상인 때에
는 그 탱크 중 용량이 최대인 것의 용량의 110% 이상으로 할 것.

3. 용량이 1,000만L 이상인 옥외저장탱크의 주위에 설치하는 방유제에는 다음의 규정에 따라 당해 탱크마다
간막이 둑을 설치할 것.

답 1. 5천만 · 0.95 = 4,750만L   2. 1억2천만 · 0.9 · 1.1 = 1억1880만L 이상   3. 간막이 둑

010
☆☆☆

옥외탱크저장소 방유제 안에 35만L, 15만L, 60만L의 톨루엔이 담긴 3개의 탱크가 있다.
방유제 저장용량(m^3)을 구하시오.

해 윗 해설 참조

답 60만 · 1.1 = 66만L = $660m^3$ 이상

011 ☆

옥외에 있는 위험물취급탱크로서 액체위험물(이황화탄소를 제외한다)을 취급하는 탱크가 100만 L 1기, 50만L 2기, 20만L 3기 설치되어 있다. 이 중 50만L 1기를 다른 곳에 옮겨 방유제 설치하고 나머지 탱크에 한 방유제 설치 시 방유제 총 용량(L)을 구하시오.

해 옥외에 있는 위험물취급탱크로서 액체위험물(이황화탄소를 제외한다)을 취급하는 것의 주위에는 다음의 기준에 의하여 방유제를 설치할 것

1) 하나의 취급탱크 주위에 설치하는 방유제의 용량은 당해 탱크용량의 50% 이상으로 하고, 2 이상의 취급탱크 주위에 하나의 방유제를 설치하는 경우 그 방유제의 용량은 당해 탱크 중 용량이 최대인 것의 50%에 나머지 탱크용량 합계의 10%를 가산한 양 이상이 되게 할 것. 이 경우 방유제의 용량은 당해 방유제의 내용적에서 용량이 최대인 탱크 외의 탱크의 방유제 높이 이하 부분의 용적, 당해 방유제 내에 있는 모든 탱크의 지반면 이상 부분의 기초의 체적, 간막이 둑의 체적 및 당해 방유제 내에 있는 배관 등의 체적을 뺀 것으로 한다.

답 50만 · 0.5 + 100만 · 0.5 + (50만 + 20만 · 3) · 0.1 = 86만L 이상

012 ☆☆☆

위험물 제조소 $300m^3$와 $100m^3$ 탱크가 각각 1개씩 총 2개가 있다. 탱크 주위로 방유제를 만들 때 방유제 용량(m^3)은 얼마 이상으로 해야 하는지 쓰시오.

해 $300 \cdot 0.5 + 100 \cdot 0.1 = 160m^3$이상

윗 해설 참조

답 $160m^3$

013 ☆

다음 물질이 물과 반응 시 발생 기체의 몰 수를 쓰시오.

1. 과산화나트륨 78g	2. 수소화칼슘 42g

해 과산화나트륨 $= \dfrac{78}{78} = 1mol$

$2Na_2O_2 + 2H_2O \rightarrow 4NaOH + O_2$

따라서 $O_2 = \dfrac{1}{2}mol$발생

수소화칼슘 $= \dfrac{42}{42} = 1mol$

$CaH_2 + 2H_2O \rightarrow Ca(OH)_2 + 2H_2$

따라서 $H_2 = \dfrac{2}{1}mol$발생

답 1. 0.5몰   2. 2몰

014 ☆☆

400℃, 1기압에서 과산화나트륨 1kg 열분해 시 발생하는 산소 부피(L)를 구하시오.

해 $2Na_2O_2 \rightarrow 2Na_2O + O_2$

$Na_2O_2 = \dfrac{1,000}{78} = 12.821mol$

$\rightarrow O_2 = 12.821 \cdot 0.5mol = 6.411mol$

$\rightarrow 6.411 \cdot 22.4L \cdot \dfrac{673}{273} = 354.02L$

답 산소 부피 : 354.02L

015 ☆

과산화나트륨 1kg이 400℃, 1기압에서 물과 반응 시 생성 기체의 부피(L)를 구하시오.

해 $2Na_2O_2 + 2H_2O \rightarrow 4NaOH + O_2$

$Na_2O_2 = \dfrac{1,000}{78} = 12.821mol$

$O_2 = \dfrac{1}{2} \cdot 12.821 \cdot 22.4L = 143.6L$

$\rightarrow 143.6 \cdot \dfrac{273+400}{273} = 354L$

답 354L

016 ☆

과산화나트륨 2kg이 표준상태에서 물과 반응 시 생성 산소의 부피(L)를 구하시오.

해 $2Na_2O_2 + 2H_2O \rightarrow 4NaOH + O_2$

$Na_2O_2 = \dfrac{2,000}{78} = 25.641mol$

$O_2 = \dfrac{1}{2} \cdot 25.641 \cdot 22.4L = 287.18L$

답 287.18L

017 ☆

리튬 2몰과 물이 반응할 때 생기는 가연성 기체 부피(L)를 구하시오.

해 $2Li + 2H_2O \rightarrow 2LiOH + H_2$

가연성기체: H_2 1몰($22.4L$)

답 22.4L

018 ☆☆☆

질산암모늄 구성성분 중 질소와 수소, 산소의 함량(wt%)을 구하시오.

🅗 NH_4NO_3 분자량 $= 80g$

질소 $= \dfrac{2 \cdot 14}{80} \cdot 100 = 35\%$ 수소 $= \dfrac{4 \cdot 1}{80} \cdot 100 = 5\%$ 산소 $= \dfrac{3 \cdot 16}{80} \cdot 100 = 60\%$

🅣 질소: 35wt%   수소: 5wt%   산소: 60wt%

019 ☆☆

질산암모늄 1몰 열분해 시 400℃, 0.8기압에서 발생하는 수증기 부피(L)를 구하시오.

🅗 $2NH_4NO_3 \rightarrow 2N_2 + O_2 + 4H_2O$

수증기 $(= H_2O) = \dfrac{4}{2} = 2$ 몰

$\rightarrow PV = nRT \rightarrow V = \dfrac{nRT}{P} = \dfrac{2 \cdot 0.0821 \cdot (273 + 400)}{0.8} = 138.13L$

🅣 수증기 부피: 138.13L

020 ☆☆☆☆

질산암모늄 900g 열분해 시 600℃, 1기압에서 발생 기체 총 부피(L)를 구하시오.

🅗 $2NH_4NO_3 \rightarrow 2N_2 + O_2 + 4H_2O$

$NH_4NO_3 = \dfrac{900}{80} = 11.25mol$

$\rightarrow 11.25 + 0.5 \cdot 11.25 + 2 \cdot 11.25 = 39.375mol$

$\rightarrow 39.375 \cdot 22.4L \cdot \dfrac{873}{273} = 2,820.46L$

🅣 2,820.46L

021 ☆☆☆

$850mmHg$, 27℃에서 100kg 이황화탄소가 완전연소 시 발생독가스 체적(m^3)을 구하시오.

🔲 $CS_2 + 3O_2 \rightarrow 2SO_2 + CO_2$ 발생 독가스 : SO_2

$CS_2 = \dfrac{100,000}{76} = 1,315.789mol$

$SO_2 = 2 \cdot 1,315.789 = 2,631.578mol$

$\rightarrow PV = nRT \rightarrow V = \dfrac{nRT}{P} = \dfrac{2,631.578 \cdot 0.0821 \cdot (273+27)}{1.118} = 57,974.746L = 57.97m^3$

$P = \dfrac{850}{760} = 1.118atm$

🔲 발생 독가스 체적 : $57.97m^3$

022 ☆☆

이황화탄소(CS_2) 5kg이 모두 증기로 변할 때 1기압, 60℃에서 부피(L)를 구하시오.

🔲 $PV = \dfrac{W}{M}RT \rightarrow V = \dfrac{WRT}{MP} = \dfrac{5,000 \cdot 0.0821 \cdot (273+60)}{76 \cdot 1} = 1,798.64L$

🔲 1,798.64L

023 ☆

질산(98중량%, 비중 : 1.5, 100mL)을 질산(70중량%, 비중 : 1.4)으로 바꾸려면 물 몇 g을 첨가해야 하는지 구하시오.

🔲 $\dfrac{1.5g \cdot 0.98 \cdot 0.1L \cdot m^3 \cdot (100cm)^3}{cm^3 \cdot 10^3L \cdot m^3} = 147g$

용질(질산) : 147g   용매(물) : 3g   용액(질산 + 물) : 150g

$\rightarrow \dfrac{147}{150+x} = 0.7 \rightarrow 147 = 0.7(150+x) \rightarrow x = 60g$

🔲 물 60g 첨가

024 ☆

메탄올 300g을 산화시키면 포름알데히드와 물이 발생한다. 이때 발생하는 포름알데히드 g수를 구하시오.

해 $2CH_3OH + O_2 \rightarrow 2HCHO + 2H_2O$

$$2 \quad : \quad 2$$
$$\frac{300}{32} \quad : \quad \frac{x}{30}$$

$$\rightarrow 2 \cdot \frac{300}{32} = 2 \cdot \frac{x}{30} \rightarrow x = 281.25g$$

답 281.25g

025 ☆

황린 25kg 연소 시 필요한 공기 부피(m^3)을 구하시오.(공기 중 산소: 21vol%)

해 $P_4 + 5O_2 \rightarrow 2P_2O_5$

$$P_4 = \frac{25,000}{124} = 201.613mol$$

$$O_2 = 5 \cdot 201.613 = 1,008.065mol$$

$$공기 = \frac{1,008.065 \cdot 22.4L \cdot m^3}{0.21 \cdot 1,000L} = 107.53m^3$$

답 $107.53m^3$

026 ☆☆☆☆☆☆

다음 물음에 답하시오.

1. 염소산칼륨 완전열분해 반응식
2. 염소산칼륨 25kg이 표준상태에서 완전분해 시 생성 산소 부피(m^3)

해 $2KClO_3 \rightarrow 2KCl + 3O_2$

$$O_2 = \frac{3}{2} \cdot \frac{25,000}{122.5} \cdot 22.4L \cdot \frac{m^3}{1,000L} = 6.86m^3$$

답 1. $2KClO_3 \rightarrow 2KCl + 3O_2$　　2. $6.86m^3$

027 ☆☆

공기 중 산소 부피비 21%이고, 아세톤 300g이 완전연소했을 때 물음에 답하시오.

1. 아세톤의 완전연소 반응식	2. 필요 이론 공기량(L)	3. 발생 탄산가스 부피(L)

해 1. $CH_3COCH_3 + 4O_2 \rightarrow 3CO_2 + 3H_2O$

2. $4 \cdot \dfrac{300}{58} \cdot 22.4L \cdot \dfrac{1}{0.21} = 2,206.897L$

3. $3 \cdot \dfrac{300}{58} \cdot 22.4L = 347.586L$

답 1. $CH_3COCH_3 + 4O_2 \rightarrow 3CO_2 + 3H_2O$　2. 2,206.897L　3. 347.586L

028 ☆☆☆

표준상태에서 탄화칼슘(64g)이 물과 반응 시 발생하는 기체를 연소 시 필요한 산소 부피(L)를 구하시오.

해 $CaC_2 + 2H_2O \rightarrow Ca(OH)_2 + C_2H_2$

$CaC_2 = \dfrac{64}{64} \cdot 1 = 1mol$

$2C_2H_2 + 5O_2 \rightarrow 4CO_2 + 2H_2O$
　　2　:　5
　22.4L　:　X
$\rightarrow X = \dfrac{5 \cdot 22.4L}{2} = 56L$

답 산소 부피: 56L

029 ☆☆☆☆

표준상태에서 트리에틸알루미늄(228g)이 물과 반응 시 반응식과 발생 기체의 부피(L)를 구하시오.

해 $(C_2H_5)_3Al + 3H_2O \rightarrow Al(OH)_3 + 3C_2H_6$

$$\begin{array}{ccc} 1 & : & 3 \\ \dfrac{228}{114} \cdot 22.4\,L & : & X \end{array}$$

$$\rightarrow X = \frac{3 \cdot 228 \cdot 22.4}{114} = 134.4\,L$$

반응식: $(C_2H_5)_3Al + 3H_2O \rightarrow Al(OH)_3 + 3C_2H_6$ 발생 기체의 부피: 134.4L

답 134.4L

030 ☆☆☆

표준상태에서 인화알루미늄(290g)이 물과 반응 시 발생 기체의 부피(L)를 구하시오.

해 $AlP + 3H_2O \rightarrow Al(OH)_3 + PH_3$

$$\begin{array}{ccc} 1 & : & 1 \\ \dfrac{290}{58} \cdot 22.4\,L & : & X \end{array}$$

$$\rightarrow X = \frac{290 \cdot 22.4\,L}{58} = 112\,L$$

답 112L

031 ☆☆

벤젠(C_6H_6) 20g이 모두 증기로 변할 때 1기압, 100℃에서 부피(L)를 구하시오.

해 $PV = \dfrac{W}{M}RT \rightarrow V = \dfrac{WRT}{MP} = \dfrac{20 \cdot 0.0821 \cdot (273 + 100)}{78 \cdot 1} = 7.85\,L$

답 7.85L

032 ☆☆

30℃ 물 10kg로 주수소화 시 100℃ 수증기로 흡수하는 열량($kcal$)을 구하시오.

해 $Q = m \cdot C \cdot \triangle T + $ 물기화열$(= 539kcal/kg) = $ 질량 $\cdot$ 비열 $\cdot$ $\triangle$온도 $+ 539$

$$\rightarrow \frac{10kg \cdot 1kcal \cdot (100 - 30)℃}{kg \cdot ℃} + \frac{539kcal \cdot 10kg}{kg} = 6,090kcal$$

답 열량: $6,090kcal$

위험물산업기사 2011~24년

위험물산업기사 2011~24년

02

필답 서술형
(기출중복문제 소거 정리)

잠깐! 더 효율적인 공부를 위한 링크들을 적극 이용하세요~!

직8딴 홈페이지
- 출시한 책 확인 및 구매

직8딴 카카오오픈톡방
- 실시간 저자의 질문 답변
(주7일 아침 11시~새벽 2시까지, 전화로도 함)
- 직8딴 구매자전용 복지와 혜택 획득
(최소 달에 40만원씩 기프티콘 지급)
- 구매자들과의 소통 및 EHS 관련 정보 습득

직8딴 네이버카페
- 실시간으로 최신화되는 정오표 확인
(정오표: 책 출시 이후 발견된 오타/오류를 모아놓은 표, 매우 중요)
- 공부에 도움되는 컬러버전 그림 및 사진 습득
- 직8딴 구매자전용 복지와 혜택 획득

직8딴 유튜브
- 저자 직접 강의 시청 가능
- 공부 팁 및 암기법 획득
- 국가기술자격증 관련 정보 획득

서술형 요약 이것만 외워라!

☑ **원자량**

수소 H	탄소 C	질소 N	산소 O	나트륨 Na	마그네슘 Mg	알루미늄 Al	인 P	황 S	염소 Cl	칼륨 K	칼슘 Ca
1	12	14	16	23	24.3	27	31	32	35.5	39	40

• 공기 분자량: 29

☑ 제1류 위험물(산화성 고체)

품명	위험등급	지정수량	운반용기 외부 표시 주의사항	물질
아염소산염류	I	50kg	화기주의/충격주의/가연물접촉주의	아염소산나트륨($NaClO_2$)
염소산염류	I	50kg	화기주의/충격주의/가연물접촉주의	염소산칼륨($KClO_3$) 염소산나트륨($NaClO_3$) 염소산암모늄(NH_4ClO_3)
과염소산염류	I	50kg	화기주의/충격주의/가연물접촉주의	과염소산칼륨($KClO_4$) 과염소산나트륨($NaClO_4$) 과염소산암모늄 (NH_4ClO_4)
무기과산화물	I	50kg	화기주의/충격주의/물기엄금/가연물접촉주의	과산화칼륨(K_2O_2) 과산화칼슘(CaO_2) 과산화나트륨(Na_2O_2) 과산화바륨(BaO_2)
브로민산염류	II	300kg	화기주의/충격주의/가연물접촉주의	
질산염류	II	300kg	화기주의/충격주의/가연물접촉주의	질산칼륨(KNO_3)/질산은($AgNO_3$) 질산암모늄 (NH_4NO_3, ANFO폭약)
아이오딘산염류	II	300kg	화기주의/충격주의/가연물접촉주의	아이오딘산칼륨(KIO_3)
과망가니즈산염류	III	1,000 kg	화기주의/충격주의/가연물접촉주의	과망가니즈산칼륨 ($KMnO_4$) 과망가니즈산암모늄 (NH_4MnO_4)
다이크로뮴산염류	III	1,000 kg	화기주의/충격주의/가연물접촉주의	다이크로뮴산나트륨 ($Na_2Cr_2O_7$) 다이크로뮴산암모늄 (($NH_4)_2Cr_2O_7$)
- 그 밖에 행정안전부령으로 정하는 것 - 제1호부터 제10호까지의 어느 하나에 해당하는 위험물을 하나 이상 함유한 것	-	50kg, 300kg 또는 1,000 kg	-	-

☑ 제2류 위험물(가연성 고체)

품명	위험 등급	지정 수량	운반용기 외부 표시 주의사항	물질
황화인	II	100kg	화기주의	삼황화인(P_4S_3)/ 오황화인(P_2S_5)/ 칠황화인(P_4S_7)
적린	II	100kg	화기주의	적린(P_4)
황	II	100kg	화기주의	황
철분	III	500kg	화기주의/물기엄금	철분
금속분	III	500kg	화기주의/물기엄금	알루미늄(Al)
마그네슘	III	500kg	화기주의/물기엄금	마그네슘(Mg)
-그 밖에 행정안전부령으로 　정하는 것 -제1호부터 제7호까지의 어 　느 하나에 해당하는 위험물 　을 하나 이상 함유한 것	–	100kg 또는 500kg	–	–
인화성고체	III	1,000kg	화기엄금	인화성 고체/고형알코올

☑ 제3류 위험물(자연발화성물질 및 금수성물질)

품명	위험 등급	지정 수량	운반용기 외부 표시 주의사항	물질
칼륨	I	10kg	화기엄금/물기엄금/ 공기접촉엄금	칼륨(K)
나트륨	I	10kg	화기엄금/물기엄금/ 공기접촉엄금	나트륨(Na)
알킬알루미늄	I	10kg	화기엄금/물기엄금/ 공기접촉엄금	트리메틸알루미늄 ($(CH_3)_3Al$) 트리에틸알루미늄(TEAL) ($(C_2H_5)_3Al$)
알킬리튬	I	10kg	화기엄금/물기엄금/ 공기접촉엄금	부틸리튬($CH_3(CH_2)_3Li$)
황린	I	20kg	화기엄금/공기접촉엄금	황린(P_4)
알칼리금속(칼륨,나트륨 제외) 및 알칼리토금속	II	50kg	화기엄금/물기엄금/ 공기접촉엄금	리튬(Li) 칼슘(Ca)
유기금속화합물 (알킬알루미늄, 알킬리튬 제외)	II	50kg	화기엄금/물기엄금/ 공기접촉엄금	
금속 수소화물	III	300kg	화기엄금/물기엄금/ 공기접촉엄금	수소화나트륨(NaH) 수소화칼슘(CaH_2) 수소화칼륨(KH) 수소화알루미늄리튬 ($LiAlH_4$)
금속 인화물	III	300kg	화기엄금/물기엄금/ 공기접촉엄금	인화칼슘(Ca_3P_2) 인화알루미늄(AlP) 인화아연(Zn_3P_2)
칼슘, 알루미늄 탄화물	III	300kg	화기엄금/물기엄금/ 공기접촉엄금	탄화칼슘(카바이드) (CaC_2) 탄화알루미늄(Al_4C_3)
-그 밖에 행정안전부령 으로 정하는 것 -제1호 내지 제11호의 1에 해당하는 어느 하 나 이상을 함유한 것	-	10kg, 20kg, 50kg, 300kg	-	-

제3류 위험물 중 자연발화성물질에 있어서는 "화기엄금" 및 "공기접촉엄금"
금수성물질에 있어서는 "물기엄금"

☑ 제4류 위험물(인화성 액체)

품명		위험 등급	지정 수량	운반용기 외부 표시 주의사항	물질
특수인화물		I	50L	화기엄금	이황화탄소(CS_2, 비수용성) 아세트알데하이드(CH_3CHO, 수용성) 다이에틸에터($C_2H_5OC_2H_5$) 산화프로필렌(CH_3CH_2CHO)
제1 석유류	비수용성	II	200L	화기엄금	벤젠(C_6H_6)/톨루엔($C_6H_5CH_3$)/휘발유 메틸에틸케톤($CH_3COC_2H_5$)/ 에틸벤젠($C_6H_5C_2H_5$)
	수용성		400L		아세톤(CH_3COCH_3)/시안화수소(HCN)/ 피리딘(C_5H_5N)/t-부탄올
알코올류		II	400L	화기엄금	메탄올(메틸알코올)(CH_3OH, 수용성) 에탄올(에틸알코올)(C_2H_5OH)/ 이소프로필알코올/1-프로판올
제2 석유류	비수용성	III	1,000L	화기엄금	클로로벤젠(C_6H_5Cl)/경유/등유/테레핀유 스티렌($C_6H_5CH=CH_2$)/n-부탄올/ 이소부틸알코올
	수용성		2,000L	화기엄금	아세트산(초산)(CH_3COOH)/히드라진(N_2H_4) 폼산(의산,개미산)($HCOOH$)
제3 석유류	비수용성	III	2,000L	화기엄금	아닐린($C_6H_5NH_2$)/나이트로벤젠($C_6H_5NO_2$)/중유
	수용성		4,000L	화기엄금	에틸렌글리콜($C_2H_4(OH)_2$)/ 글리세린($C_3H_5(OH)_3$)
제4석유류		III	6,000L	화기엄금	실린더유/기어유
동식물유류		III	10,000L	화기엄금	쌀겨유/땅콩유/들기름/야자유/아마인유/목화씨유

☑ 제5류 위험물(자기반응성물질)

품명	위험 등급	지정 수량	운반용기 외부 표시 주의사항	물질
유기과산화물			화기엄금/ 충격주의	과산화벤조일(벤조일퍼옥사이드,$(C_6H_5CO)_2O_2$, 2종) 아세틸퍼옥사이드($(CH_3CO)_2O_2$)
질산에스터류			화기엄금/ 충격주의	질산메틸(CH_3NO_3)/나이트로글리콜(1종) 나이트로글리세린($C_3H_5(NO_3)_3$, 1종) 나이트로셀룰로오스($C_6H_7(NO_2)_3O_5$, 1종)
하이드록실아민			화기엄금/ 충격주의	하이드록실아민(NH_2OH, 2종)
하이드록실아민 염류			화기엄금/ 충격주의	
하이드라진유도체			화기엄금/ 충격주의	
나이트로화합물	제1종: I 제2종: II	제1종: 10kg 제2종: 100kg	화기엄금/ 충격주의	다이나이트로톨루엔($C_6H_3CH_3(NO_2)_2$, DNT) 트리나이트로톨루엔($C_6H_2CH_3(NO_2)_3$, TNT폭약, 1종) 트리나이트로페놀(피크린산,$C_6H_2OH(NO_2)_3$, 1종) 다이나이트로벤젠(2종)/나이트로메탄(2종)/ 나이트로에탄(2종)
나이트로소화합물			화기엄금/ 충격주의	
아조화합물			화기엄금/ 충격주의	
다이아조화합물			화기엄금/ 충격주의	
그 밖에 행정안전부령으로 정하는 것			-	-
제1호부터 제10호까지의 어느 하나에 해당하는 위험물을 하나 이상 함유한 것			-	-

☑ 제6류 위험물(산화성 액체)

품명	위험등급	지정수량	운반용기 외부 표시 주의사항	물질
과염소산	I	300kg	가연물접촉주의	과염소산($HClO_4$)
과산화수소	I	300kg	가연물접촉주의	과산화수소(H_2O_2)
질산	I	300kg	가연물접촉주의	질산(HNO_3)
그 밖에 행정안전부령으로 정하는 것	-	300kg	-	
제1호 내지 제4호의 1에 해당하는 어느 하나 이상을 함유한 것	-	300kg	-	

☑ 연소범위(공적 근거로 작성한 것이니 타 책과 비교 말아줘요.)

물질	톨루엔	메틸에틸케톤	메탄	아세톤	메틸알코올	산화프로필렌	디에틸에테르	아세트알데히드	수소	아세틸렌
연소범위(%)	1.27~7	1.8~10	5~15	2.5~12.8	6~36	2.8~37	1.7~48	4~60	4~75	2.5~100

※위험도 $= \dfrac{\text{폭발상한계-폭발하한계}}{\text{폭발하한계}}$

예시로 메탄 위험도 $= \dfrac{15-5}{5} = 2$

☑ 발화점/인화점/분해온도(공적 근거로 작성한 것이니 타 책과 비교 말아줘요.)

물질	발화점(℃)	물질	인화점(℃)	물질	분해온도(℃)
이황화탄소	90	다이에틸에터	-40	과염소산암모늄	130 (분해급속 : 300)
삼황화인	100	아세트알데하이드	-40	염소산칼륨	400
오황화인	142	산화프로필렌	-37	과산화바륨	840
칠황화인	250	이황화탄소	-30		
에탄올 (에틸알코올)	400	아세톤	-18.5		
산화 프로필렌	449	벤젠	-11		
메탄올 (메틸알코올)	464	초산메틸	-10		
		메틸에틸케톤	-7		
		초산에틸	-3		
		톨루엔	4		
		메탄올 (메틸알코올)	11.11		
		나이트로셀룰로오스	12		
		에틸벤젠	15		
		클로로벤젠	27		
		황린	30		
		스티렌	32		
		아닐린	70		
		나이트로벤젠	88		
		에틸렌글리콜	120		
		트리나이트로페놀 (피크린산)	150		
		글리세린	160		
		제1석유류	21 미만		
		제2석유류	21 이상 70 미만		
		제3석유류	70 이상 200 미만		
		제4석유류	200 이상 250 미만		
		염소산칼륨	400		

☑ 분해 반응식

과염소산암모늄	$2NH_4ClO_4 \rightarrow N_2 + Cl_2 + 2O_2 + 4H_2O$
과염소산나트륨	$NaClO_4 \rightarrow NaCl + 2O_2$
과염소산칼륨	$KClO_4 \rightarrow KCl + 2O_2$
과망간산칼륨	$2KMnO_4 \rightarrow K_2MnO_4 + MnO_2 + O_2$
과산화나트륨	$2Na_2O_2 \rightarrow 2Na_2O + O_2$ 생성물질 : 산화나트륨(Na_2O), 산소(O_2)
과산화칼슘	$2CaO_2 \rightarrow 2CaO + O_2$
과산화칼륨	$2K_2O_2 \rightarrow 2K_2O + O_2$
과산화수소	$2H_2O_2 \rightarrow 2H_2O + O_2$ 발생기체 : 산소(O_2)
아염소산나트륨	$NaClO_2 \rightarrow NaCl + O_2$
염소산암모늄	$2NH_4ClO_3 \rightarrow N_2 + Cl_2 + 4H_2O + O_2$
염소산나트륨	$2NaClO_3 \rightarrow 2NaCl + 3O_2$
염소산칼륨	$2KClO_3 \rightarrow 2KCl + 3O_2$
질산	$4HNO_3 \rightarrow 2H_2O + 4NO_2 + O_2$
질산암모늄	$2NH_4NO_3 \rightarrow 2N_2 + 4H_2O + O_2$
질산칼륨	$2KNO_3 \rightarrow 2KNO_2 + O_2$
중탄산나트륨(탄산수소나트륨)	$2NaHCO_3 \rightarrow Na_2CO_3 + CO_2 + H_2O$ (1차, 270℃) $2NaHCO_3 \rightarrow Na_2O + 2CO_2 + H_2O$ (2차, 850℃)
중탄산칼륨(탄산수소칼륨)	$2KHCO_3 \rightarrow K_2CO_3 + CO_2 + H_2O$ (1차, 190℃)
제1인산암모늄	$NH_4H_2PO_4 \rightarrow NH_3 + H_3PO_4$ (1차, 170℃) $NH_4H_2PO_4 \rightarrow NH_3 + H_2O + HPO_3$ (2차, 360℃)
트리나이트로톨루엔	$2C_6H_2CH_3(NO_2)_3 \rightarrow 12CO + 5H_2 + 3N_2 + 2C$
탄산마그네슘	$MgCO_3 \rightarrow MgO + CO_2$

☑ 연소 반응식

나트륨	$4Na + O_2 \rightarrow 2Na_2O$
마그네슘	$2Mg + O_2 \rightarrow 2MgO$ 생성물질 : 산화마그네슘(MgO)
메탄	$CH_4 + 2O_2 \rightarrow CO_2 + 2H_2O$
메탄올(메틸알코올)	$2CH_3OH + 3O_2 \rightarrow 2CO_2 + 4H_2O$
메틸에틸케톤	$2CH_3COC_2H_5 + 11O_2 \rightarrow 8CO_2 + 8H_2O$
삼황화인	$P_4S_3 + 8O_2 \rightarrow 2P_2O_5 + 3SO_2$ 생성 물질 : 오산화린(P_2O_5), 이산화황(SO_2)
에탄올(에틸알코올)	$C_2H_5OH + 3O_2 \rightarrow 2CO_2 + 3H_2O$
에탄(에테인)	$2C_2H_6 + 7O_2 \rightarrow 4CO_2 + 6H_2O$
아세톤	$CH_3COCH_3 + 4O_2 \rightarrow 3CO_2 + 3H_2O$
아세틸렌	$2C_2H_2 + 5O_2 \rightarrow 4CO_2 + 2H_2O$
아세트산(초산)	$CH_3COOH + 2O_2 \rightarrow 2CO_2 + 2H_2O$
아세트알데하이드	$2CH_3CHO + 5O_2 \rightarrow 4CO_2 + 4H_2O$
알루미늄	$4Al + 3O_2 \rightarrow 2Al_2O_3$
이황화탄소	$CS_2 + 3O_2 \rightarrow 2SO_2 + CO_2$ 발생 독성가스 : SO_2
오황화인	$2P_2S_5 + 15O_2 \rightarrow 2P_2O_5 + 10SO_2$ 생성 물질 : 오산화린(P_2O_5), 이산화황(SO_2)
적린	$4P + 5O_2 \rightarrow 2P_2O_5$ 생성 기체 : 오산화린(P_2O_5)
트리메틸알루미늄	$2(CH_3)_3Al + 12O_2 \rightarrow Al_2O_3 + 6CO_2 + 9H_2O$
트리에틸알루미늄	$2(C_2H_5)_3Al + 21O_2 \rightarrow Al_2O_3 + 12CO_2 + 15H_2O$
황린	$P_4 + 5O_2 \rightarrow 2P_2O_5$
황화수소	$2H_2S + 3O_2 \rightarrow 2SO_2 + 2H_2O$
히드라진	$N_2H_4 + O_2 \rightarrow N_2 + 2H_2O$
포름산(개미산,의산)	$2HCOOH + O_2 \rightarrow 2CO_2 + 2H_2O$

☑ 물과의 반응식

과산화나트륨	$2Na_2O_2 + 2H_2O \rightarrow 4NaOH + O_2$
과산화칼륨	$2K_2O_2 + 2H_2O \rightarrow 4KOH + O_2$
과산화바륨	$2BaO_2 + 2H_2O \rightarrow 2Ba(OH)_2 + O_2$
나트륨	$2Na + 2H_2O \rightarrow 2NaOH + H_2$
리튬	$2Li + 2H_2O \rightarrow 2LiOH + H_2$
마그네슘	$Mg + 2H_2O \rightarrow Mg(OH)_2 + H_2$
부틸리튬	$CH_3(CH_2)_3Li + H_2O \rightarrow LiOH + C_4H_{10}$
인화칼슘	$Ca_3P_2 + 6H_2O \rightarrow 3Ca(OH)_2 + 2PH_3$ 생성기체 : 포스핀(PH_3)
인화알루미늄	$AlP + 3H_2O \rightarrow Al(OH)_3 + PH_3$
이황화탄소	$CS_2 + 2H_2O \rightarrow 2H_2S + CO_2$
오산화린	$P_2O_5 + 3H_2O \rightarrow 2H_3PO_4$
오황화인	$P_2S_5 + 8H_2O \rightarrow 2H_3PO_4 + 5H_2S$ 생성기체 : 황화수소(H_2S)
알루미늄	$2Al + 6H_2O \rightarrow 2Al(OH)_3 + 3H_2$
칼륨	$2K + 2H_2O \rightarrow 2KOH + H_2$ 생성기체 : 수소(H_2)
칼슘	$Ca + 2H_2O \rightarrow Ca(OH)_2 + H_2$
탄화칼슘(카바이드)	$CaC_2 + 2H_2O \rightarrow Ca(OH)_2 + C_2H_2$ 생성기체 : 아세틸렌(C_2H_2)
탄화알루미늄	$Al_4C_3 + 12H_2O \rightarrow 4Al(OH)_3 + 3CH_4$
트리메틸알루미늄	$(CH_3)_3Al + 3H_2O \rightarrow Al(OH)_3 + 3CH_4$
트리에틸알루미늄	$(C_2H_5)_3Al + 3H_2O \rightarrow Al(OH)_3 + 3C_2H_6$ 생성기체 : 에탄(C_2H_6)

☑ 염산과 반응식

과망간산칼륨	$2KMnO_4 + 16HCl \rightarrow 2KCl + 2MnCl_2 + 8H_2O + 5Cl_2$
과산화나트륨	$Na_2O_2 + 2HCl \rightarrow 2NaCl + H_2O_2$
마그네슘	$Mg + 2HCl \rightarrow MgCl_2 + H_2$
알루미늄	$2Al + 6HCl \rightarrow 2AlCl_3 + 3H_2$ 생성기체 : 수소(H_2)
탄화알루미늄	$Al_4C_3 + 12HCl \rightarrow 4AlCl_3 + 3CH_4$

☑ 산화 반응식

메탄올(메틸알코올)	$2CH_3OH + O_2 \rightarrow 2HCHO + 2H_2O$
에틸렌	$C_2H_4 + PdCl_2 + H_2O \rightarrow CH_3CHO + Pd + 2HCl$
아세트알데하이드	$2CH_3CHO + O_2 \rightarrow 2CH_3COOH$, 생성물질 : CH_3COOH(아세트산(= 초산))
알루미늄	$4Al + 3O_2 \rightarrow 2Al_2O_3$

☑ **칼륨과 반응식**

에탄올(에틸알코올)	$2K + 2C_2H_5OH \rightarrow 2C_2H_5OK + H_2$ 발생기체 : 수소(H_2)
이산화탄소	$4K + 3CO_2 \rightarrow 2K_2CO_3 + C$

☑ **트리나이트로톨루엔 제조 반응식**

$$C_6H_5CH_3 + 3HNO_3 \xrightarrow[\text{나이트로화}]{C-H_2SO_4} C_6H_2CH_3(NO_2)_3 + 3H_2O$$

☑ **에틸알코올과 황산 반응식**

$$2C_2H_5OH \xrightarrow{C-H_2SO_4} C_2H_5OC_2H_5 + H_2O$$ 생성물 : 다이에틸에터$(C_2H_5OC_2H_5)$

☑ **과산화나트륨과 이산화탄소 반응식**

$$2Na_2O_2 + 2CO_2 \rightarrow 2Na_2CO_3 + O_2$$

☑ **과산화칼륨과 이산화탄소 반응식**

$$2K_2O_2 + 2CO_2 \rightarrow 2K_2CO_3 + O_2$$

☑ **마그네슘과 황산 반응식**

$$Mg + H_2SO_4 \rightarrow MgSO_4 + H_2$$ 발생기체 : 수소(H_2)

☑ **마그네슘과 이산화탄소 반응식**

$$2Mg + CO_2 \rightarrow 2MgO + C$$

☑ **아세틸렌과 구리 반응식**

$$C_2H_2 + 2Cu \rightarrow Cu_2C_2 + H_2$$ 발생 물질 : Cu_2C_2(아세틸리드, 폭발성)

☑ **과산화나트륨과 아세트산 반응식**

$$Na_2O_2 + 2CH_3COOH \rightarrow 2CH_3COONa + H_2O_2$$

☑ **트리에틸알루미늄과 메탄올 폭발반응식**

$$(C_2H_5)_3Al + 3CH_3OH \rightarrow Al(CH_3O)_3 + 3C_2H_6$$

☑ 금속나트륨과 에탄올 반응식

$2Na + 2C_2H_5OH \rightarrow 2C_2H_5ONa + H_2$ 생성기체 : 수소(H_2)

☑ 황린과 강알칼리 염류 반응식

$P_4 + 3KOH + 3H_2O \rightarrow 3KH_2PO_2 + PH_3$ 발생 독성기체 : 포스핀(PH_3)

☑ 과산화수소와 히드라진 폭발반응식

$2H_2O_2 + N_2H_4 \rightarrow 4H_2O + N_2$

☑ 이산화망간과 과산화수소 반응식

$MnO_2 + 2H_2O_2 \rightarrow MnO_2 + 2H_2O + O_2$

☑ 아염소산나트륨과 알루미늄 반응식

$3NaClO_2 + 4Al \rightarrow 2Al_2O_3 + 3NaCl$

☑ 트리에틸알루미늄 자연발화 반응식

$2(C_2H_5)_3Al + 21O_2 \rightarrow 12CO_2 + 15H_2O + Al_2O_3$

☑ 산, 알카리 소화기 반응식(중탄산나트륨과 황산 반응식)

$2NaHCO_3 + H_2SO_4 \rightarrow Na_2SO_4 + 2CO_2 + 2H_2O$

☑ 과망간산칼륨과 묽은 황산 반응식

$4KMnO_4 + 6H_2SO_4 \rightarrow 2K_2SO_4 + 4MnSO_4 + 6H_2O + 5O_2$

☑ 혼촉발화 반응식(염소산칼륨과 적린 반응식)

$5KClO_3 + 6P \rightarrow 3P_2O_5 + 5KCl$ 생성기체 : P_2O_5(오산화린)

☑ 탄화칼슘과 질소 반응식

$CaC_2 + N_2 \rightarrow CaCN_2 + C$ 생성물 : $CaCN_2$(석회질소(= 칼슘시안아미드)), C(탄소)

☑ **물질별 옥내저장소 바닥면적**

하나의 저장창고의 바닥면적(2 이상의 구획된 실이 있는 경우에는 각 실의 바닥면적 합계)은 다음 각목의 구분에 의한 면적 이하로 하여야 한다. 이 경우 가목의 위험물과 나목의 위험물을 같은 저장창고에 저장하는 때에는 가목의 위험물을 저장하는 것으로 보아 그에 따른 바닥면적을 적용한다.

가. 다음의 위험물을 저장하는 창고 : 1,000m²

    1) 제1류 위험물 중 아염소산염류, 염소산염류, 과염소산염류, 무기과산화물 그 밖에 지정수량이 50㎏ 인 위험물

    2) 제3류 위험물 중 칼륨, 나트륨, 알킬알루미늄, 알킬리튬 그 밖에 지정수량이 10㎏인 위험물 및 황린

    3) 제4류 위험물 중 특수인화물, 제1석유류 및 알코올류

    4) 제5류 위험물 중 유기과산화물, 질산에스터류 그 밖에 지정수량이 10㎏인 위험물

    5) 제6류 위험물

나. 가목의 위험물 외의 위험물을 저장하는 창고 : 2,000m²

다. 가목의 위험물과 나목의 위험물을 내화구조의 격벽으로 완전히 구획된 실에 각각 저장하는 창고 : 1,500m²(가목의 위험물을 저장하는 실의 면적은 500m²를 초과할 수 없다)

☑ **수납율**

1. 고체위험물은 운반용기 내용적의 95% 이하의 수납율로 수납할 것

2. 액체위험물은 운반용기 내용적의 98% 이하의 수납율로 수납하되, 55도의 온도에서 누설되지 아니하 도록 충분한 공간용적을 유지하도록 할 것

3. 하나의 외장용기에는 다른 종류의 위험물을 수납하지 아니할 것

4. 제3류 위험물은 다음의 기준에 따라 운반용기에 수납할 것

    1) 자연발화성물질에 있어서는 불활성 기체를 봉입하여 밀봉하는 등 공기와 접하지 아니하도록 할 것

    2) 자연발화성물질외의 물품에 있어서는 파라핀·경유·등유 등의 보호액으로 채워 밀봉하거나 불활성 기체를 봉입하여 밀봉하는 등 수분과 접하지 아니하도록 할 것

    3) 2.목의 규정에 불구하고 자연발화성물질중 알킬알루미늄등은 운반용기의 내용적의 90% 이하의 수납율로 수납하되, 50℃의 온도에서 5%이상의 공간용적을 유지하도록 할 것

☑ **화학식/분자식/시성식/실험식/구조식**

ex) 아세트산

화학식	CH_3COOH	화합물의 구조를 나타낸 것
분자식	$C_2H_4O_2$	분자로 존재하는 물질의 구성 원소와 분자 내의 원자 개수를 표현한 것
시성식	CH_3COOH	분자식의 확장된 형태, 혹은 구조식을 단순화한 형태로 볼 수 있는데 작용기를 표현하여 쓴 것
실험식	CH_2O	각각의 구성 원소와 원자의 상대비를 가장 간단한 정수비로 표현한 것
구조식	$\begin{matrix} & H & & O & \\ & \vert & & \Vert & \\ H- & C & - & C & -O-H \\ & \vert & & & \\ & H & & & \end{matrix}$	화합물의 구조를 단순한 형태로 표현한 식

001   ☆☆☆☆

제1류 위험물에 대해 옳은 것을 고르시오.

1. 무기화합물	2. 유기화합물
3. 산화체	4. 인화점 0℃ 이상
5. 고체	6. 전부 탄소 성분이 있다
7. 전부 산소를 포함하고 있다	8. 전부 가연성이다
9. 전부 물과 반응한다	

🔑 1/3/5/7

002   ☆☆

제1류 위험물 중 위험등급 Ⅰ인 품명 4가지 쓰시오.

🔑 염소산염류/아염소산염류/과염소산염류/무기과산화물

003   ☆☆

제1류 위험물 중 위험등급 Ⅱ인 품명 3가지 쓰시오.

🔑 질산염류/브로민산염류/아이오딘산염류

004   ☆

아염소산염류에 대한 물음에 답하시오.   괄호: (출제횟수)

1. 유별(1)	2. 지정수량(1)

🔑 1. 제1류   2. 50kg

005 ☆☆

아염소산나트륨에 대한 물음에 답하시오.

괄호 : (출제횟수)

1. 열분해반응식(2)

답 $NaClO_2 \rightarrow NaCl + O_2$

006 ☆

염소산염류에 대한 물음에 답하시오.

괄호 : (출제횟수)

1. 유별(1)	2. 위험등급(1)	3. 옥내저장소 바닥면적(1)

답 1. 제1류   2. I   3. $1,000m^2$ 이하

007 ☆☆☆☆

철제 부식시키므로 철제용기에 사용 금지하고 있는 염소산나트륨에 대한 물음에 답하시오.

괄호 : (출제횟수)

1. 열분해반응식(1)	2. 화학식(1)

답 1. $2NaClO_3 \rightarrow 2NaCl + 3O_2$ 2. $NaClO_3$

008 ☆

염소산암모늄에 대한 물음에 답하시오.

괄호 : (출제횟수)

1. 분해반응식(1)

답 1. $2NH_4ClO_3 \rightarrow N_2 + Cl_2 + 4H_2O + O_2$

009 ☆☆☆☆

염소산칼륨에 대한 물음에 답하시오.   괄호 : (출제횟수)

1. 분해반응식(2)	2. 운반용기 외부표시 주의사항(1)	3. 수납율(1)
4. 물과의 반응식(1)	5. 분해온도(1)	

답 1. $2KClO_3 \rightarrow 2KCl + 3O_2$ 2. 화기주의/충격주의/가연물접촉주의   3. 95% 이하
   4. 미반응함   5. 400℃

010 ☆☆

과염소산칼륨에 대한 물음에 답하시오.   괄호 : (출제횟수)

1. 분해반응식(610℃)(2)

답 1. $KClO_4 \rightarrow KCl + 2O_2$

011 ☆☆☆☆

과염소산나트륨에 대한 물음에 답하시오.   괄호 : (출제횟수)

1. 열분해반응식(4)

답 $NaClO_4 \rightarrow NaCl + 2O_2$

012

분자량 117.5이고 300℃에서 분해가 급격히 진행되는 물질에 대한 물음에 답하시오. 괄호 : (출제횟수)

1. 물질명(1)	2. 화학식(1)	3. 분해반응식(1)

📋 1. 과염소산암모늄   2. NH_4ClO_4 3. $2NH_4ClO_4 \rightarrow N_2 + Cl_2 + 2O_2 + 4H_2O$

013

과산화물 생성 여부 확인법이다. 빈칸을 채우시오.

과산화물 검출 시 10%(A)을 반응시켜 (B)색이 나타나는 것으로 검출 가능하다.

📋 A : 요오드화칼륨 용액   B : 황

014

알칼리금속과산화물에 대한 물음에 답하시오. 괄호 : (출제횟수)

1. 운반용기 외부표시 주의사항(3)

📋 1. 화기주의/충격주의/물기엄금/가연물접촉주의

015

과산화바륨에 대한 물음에 답하시오. 괄호 : (출제횟수)

1. 물과의 반응식(1)	2. 분해온도(1)

📋 1. $2BaO_2 + 2H_2O \rightarrow 2Ba(OH)_2 + O_2$ 2. 840℃

016
☆☆☆☆☆☆☆☆☆☆

과산화나트륨에 대한 물음에 답하시오.
괄호 : (출제횟수)

1. 물과의 반응식(1)	2. 분해반응식과 생성물질(1)
3. 염산과의 반응식(1)	4. 이산화탄소와의 반응식(3)
5. 아세트산과의 반응식(1)	6. 운반용기 외부 표시 주의사항(3)

📋 1. $2Na_2O_2 + 2H_2O \rightarrow 4NaOH + O_2$

2. $2Na_2O_2 \rightarrow 2Na_2O + O_2$, 생성물질 : 산화나트륨($Na_2O$), 산소($O_2$)

3. $Na_2O_2 + 2HCl \rightarrow 2NaCl + H_2O_2$

4. $2Na_2O_2 + 2CO_2 \rightarrow 2Na_2CO_3 + O_2$

5. $Na_2O_2 + 2CH_3COOH \rightarrow 2CH_3COONa + H_2O_2$

6. 화기주의/충격주의/물기엄금/가연물접촉주의

017
☆

다음 물질들 중 물과의 반응식과 분해반응식에서 산소를 발생시키는 위험물을 알아내고, 그 위험물의 물과의 반응식과 분해반응식을 쓰시오.

1. 아이오딘산칼륨	2. 질산암모늄	3. 과산화나트륨	4. 칼슘

📋 물질 : 과산화나트륨

물과의 반응식 : $2Na_2O_2 + 2H_2O \rightarrow 4NaOH + O_2$

분해반응식 : $2Na_2O_2 \rightarrow 2Na_2O + O_2$

018 ☆☆☆☆☆☆

과산화칼륨에 대한 물음에 답하시오.

괄호 : (출제횟수)

1. 화학식(1)	2. 물과의 반응식(4)	3. 주수소화 불가 이유(1)
4. 이산화탄소와의 반응식(1)	5. 불꽃반응시 색상(1)	6. 옥내저장소에 저장시 바닥면적(1)
7. 열분해반응식(1)		

📋 1. K_2O_2

2. $2K_2O_2 + 2H_2O \rightarrow 4KOH + O_2$

3. $2K_2O_2 + 2H_2O \rightarrow 4KOH + O_2$이고, 산소 발생해 화재 확대

4. $2K_2O_2 + 2CO_2 \rightarrow 2K_2CO_3 + O_2$

5. 보라색

6. $1,000m^2$ 이하

7. $2K_2O_2 \rightarrow 2K_2O + O_2$

019 ☆

과산화칼슘에 대한 물음에 답하시오.

괄호 : (출제횟수)

1. 열분해반응식(1)

📋 1. $2CaO_2 \rightarrow 2CaO + O_2$

020 ☆

브로민산염류에 대한 물음에 답하시오.

괄호 : (출제횟수)

1. 유별(1)	2. 지정수량(1)	3. 위험등급(1)

📋 1. 제1류   2. 300kg   3. II

021

질산염류에 대한 물음에 답하시오.

괄호: (출제횟수)

1. 유별(3)	2. 지정수량(5)	3. 위험등급(1)

📋 1. 제1류 2. 300kg 3. II

022

ANFO 폭약 물질로 분자량이 80인 산화성 물질에 대한 물음에 답하시오.

괄호: (출제횟수)

1. 물질명(1)	2. 화학식(2)	3. 열분해반응식(2)	4. 물과의 반응식(1)

📋 1. 질산암모늄 2. NH_4NO_3 3. $2NH_4NO_3 \rightarrow 2N_2 + 4H_2O + O_2$ 4. 미반응함

023

흑색화약 원료 중 하나인 질산칼륨에 대한 물음에 답하시오.

괄호: (출제횟수)

1. 품명(1)	2. 지정수량(2)	3. 열분해반응식(2)	4. 위험등급(1)
5. 수납율(1)	6. 제조소 주의사항(1)	7. 운반용기 외부 표시 주의사항(1)	8. 화학식(1)

📋 1. 질산염류 2. 300kg 3. $2KNO_3 \rightarrow 2KNO_2 + O_2$ 4. II 5. 95% 이하 6. 해당 없음
   7. 화기주의/충격주의/가연물접촉주의 8. KNO_3

024

질산은에 대한 물음에 답하시오.

괄호: (출제횟수)

1. 유별(1)	2. 품명(1)	3. 지정수량(1)	4. 화학식(1)

📋 1. 제1류 2. 질산염류 3. 300kg 4. $AgNO_3$

025 ☆

아이오딘산염류에 대한 물음에 답하시오.

괄호: (출제횟수)

1. 지정수량(1)	2. 위험등급(1)

目 1. 300kg   2. II

026 ☆

아이오딘산칼륨에 대한 물음에 답하시오.

괄호: (출제횟수)

1. 품명(1)	2. 지정수량(1)

目 1. 아이오딘산염류   2. 300kg

027 ☆☆☆

과망가니즈산칼륨에 대한 물음에 답하시오.

괄호: (출제횟수)

1. 화학식(1)	2. 품명(1)	3. 지정수량(3)	4. 분해반응식(1)
5. 염산과의 반응식(1)	6. 묽은 황산과의 반응식과 생성 기체명(2)		7. 위험등급(1)

目 1. $KMnO_4$ 2. 과망가니즈산염류   3. 1,000kg   4. $2KMnO_4 \rightarrow K_2MnO_4 + MnO_2 + O_2$
　 5. $2KMnO_4 + 16HCl \rightarrow 2KCl + 2MnCl_2 + 8H_2O + 5Cl_2$
　 6. $4KMnO_4 + 6H_2SO_4 \rightarrow 2K_2SO_4 + 4MnSO_4 + 6H_2O + 5O_2$　 생성 기체: 산소(O_2)
　 7. III

028 ☆☆☆

과망가니즈산암모늄에 대한 물음에 답하시오.

괄호 : (출제횟수)

1. 화학식(3)	2. 지정수량(3)

답 1. NH_4MnO_4 2. 1,000kg

029 ☆☆

다이크로뮴산염류에 대한 물음에 답하시오.

괄호 : (출제횟수)

1. 지정수량(2)

답 1. 1,000kg

030 ☆

다이크로뮴산나트륨에 대한 물음에 답하시오.

괄호 : (출제횟수)

1. 지정수량(1)

답 1. 1,000kg

031 ☆

다이크로뮴산암모늄에 대한 물음에 답하시오.

괄호 : (출제횟수)

1. 지정수량(1)

답 1. 1,000kg

032 ☆☆☆☆

제2류 위험물에 대해 옳은 것을 고르시오.

1. 황화인, 적린, 황은 위험등급 II이다.
2. 모두 비중 1보다 작다.
3. 모두 산화제
4. 위험물에 따라 제조소에 설치하는 주의사항은 화기엄금 또는 화기주의이다.
5. 지정수량이 100kg, 500kg, 1,000kg이다.
6. 고형알코올은 제2류 위험물이며 품명은 알코올류이다.
7. 물에 잘 녹는다.

🔑 2. 모두 비중 1보다 크다.
　3. 모두 환원제
　6. 고형알코올은 제2류 위험물이며 품명은 인화성고체이다.
　7. 물에 잘 안 녹는다.

🔑 1/4/5

033 ☆☆☆

제2류 위험물 중 위험등급이 II인 품명 3가지 쓰시오.

🔑 황/적린/황화인

034 ☆

다음 물질 중 지정수량이 같은 물질 3가지 쓰시오.

1. 황린　　2. 철분　　3. 알칼리토금속　　4. 적린　　5. 황　　6. 황화인　　7. 과염소산　　8. 질산염류

🔑 황린 = 20kg　철분 = 500kg　알칼리토금속 = 50kg　적린 = 100kg　황 = 100kg　황화인 = 100kg
　과염소산 = 300kg　질산염류 = 300kg

🔑 적린/황/황화인

035 ☆☆☆

황화인에 대한 물음에 답하시오.

괄호 : (출제횟수)

1. 유별(1)	2. 지정수량(1)	3. 위험등급(1)
4. 종류 3가지의 화학식(2)	5. 운반용기 외부 표시 주의사항(1)	

🔒 1. 제2류   2. 100kg   3. II   4. (P_4S_3)삼황화인/(P_2S_5)오황화인/(P_4S_7)칠황화인   5. 화기주의

036 ☆☆☆☆☆

삼황화인에 대한 물음에 답하시오.

괄호 : (출제횟수)

1. 화학식(1)	2. 지정수량(1)	3. 조해성 유무(2)
4. 발화점(1)	5. 연소 반응식과 생성물질(5)	

🔒 1. P_4S_3 2. 100kg   3. 없음   4. 100℃
   5. $P_4S_3 + 8O_2 \rightarrow 2P_2O_5 + 3SO_2$, 생성물질 : 오산화린($P_2O_5$), 이산화황($SO_2$)
   ※조해성 : 고체가 대기 중에 방치되어 있을 때 대기 중 수분을 흡수해 스스로 녹는 성질

037 ☆☆☆☆☆☆☆☆☆☆

오황화인에 대한 물음에 답하시오.

괄호 : (출제횟수)

1. 화학식(1)	2. 조해성 유무(1)	3. 발화점
4. 연소 반응식과 생성물질(4)	5. 물과의 반응식과 생성기체(4)	

🔒 1. P_2S_5 2. 있음   3. 142℃
   4. $2P_2S_5 + 15O_2 \rightarrow 2P_2O_5 + 10SO_2$, 생성물질 : 오산화린($P_2O_5$), 이산화황($SO_2$)
   5. $P_2S_5 + 8H_2O \rightarrow 2H_3PO_4 + 5H_2S$, 생성기체 : 황화수소($H_2S$)

038

☆☆

칠황화인에 대한 물음에 답하시오.

괄호 : (출제횟수)

| 1. 화학식(1) | 2. 지정수량(1) | 3. 조해성 유무(1) | 4. 발화점(1) |

🔲 1. P_4S_7 2. 100kg   3. 있음   4. 250℃

039

☆☆☆

적린에 대한 물음에 답하시오.

괄호 : (출제횟수)

1. 유별(1)	2. 지정수량(1)
3. 위험등급(1)	4. 연소 반응식과 생성기체의 화학식과 색상(2)
5. 염소산칼륨과의 혼촉발화 반응식(1)	6. 혼촉발화 시 생성기체와 물과의 반응식(1)

🔲 1. 제2류   2. 100kg   3. II
　4. $4P+5O_2 \rightarrow 2P_2O_5$, 생성 기체 : 오산화린($P_2O_5$), 색상 : 백색
　5. $5KClO_3+6P \rightarrow 3P_2O_5+5KCl$
　6. 생성기체 : 오산화린(P_2O_5), 물과의 반응식 : $P_2O_5+3H_2O \rightarrow 2H_3PO_4$

040

☆☆☆☆☆

흑색화약 원료 중 하나인 황에 대한 물음에 답하시오.

괄호 : (출제횟수)

1. 유별(1)	2. 지정수량(3)	3. 위험등급(1)
4. 연소반응식(1)	5. 운반용기 외부표시 주의사항(1)	6. 화학식(1)
7. 위험물 조건(1)		

🔲 1. 제2류   2. 100kg   3. II   4. $S+O_2 \rightarrow SO_2$ 5. 화기주의   6. S 7. 순도가 60중량% 이상인 것

041 ☆

황 동소체에서 이황화탄소에 녹지 않는 물질명을 쓰시오.

📋 고무상 황(황을 140~170℃로 가열하여 액체가 된 황을 급랭시켜 만드는 황 동소체의 하나)

042 ☆☆☆☆☆

철분에 대한 물음에 답하시오. 괄호 : (출제횟수)

| 1. 지정수량(2) | 2. 위험등급(1) | 3. 운반용기 외부 표시 주의사항(1) | 4. 정의(2) |

📋 1. 500kg   2. Ⅲ   3. 화기주의/물기엄금
　4. 철의 분말로서 53㎛의 표준체를 통과하는 것이 50중량% 미만인 것은 제외한다.

043 ☆☆☆☆☆☆☆☆☆

알루미늄에 대한 물음에 답하시오. 괄호 : (출제횟수)

1. 완전연소반응식(3)	2. 물과의 반응식과 생성기체명와 그 위험도(3)
3. 염산과의 반응식과 생성기체(3)	4. 산화반응식(2)
5. 아염소산나트륨과의 반응식(1)	

📋 1. $4Al + 3O_2 \rightarrow 2Al_2O_3$
　2. $2Al + 6H_2O \rightarrow 2Al(OH)_3 + 3H_2$　생성기체 : 수소(H_2)　수소 위험도 : $\dfrac{75-4}{4} = 17.75$
　3. $2Al + 6HCl \rightarrow 2AlCl_3 + 3H_2$, 생성기체 : 수소($H_2$)
　4. $4Al + 3O_2 \rightarrow 2Al_2O_3$
　5. $3NaClO_2 + 4Al \rightarrow 2Al_2O_3 + 3NaCl$

044

★☆☆

마그네슘에 대한 물음에 답하시오.

괄호: (출제횟수)

1. 위험등급(1)
2. 연소반응식과 생성물질(4)
3. 물과의 반응식(4)
4. 염산과의 반응식(2)
5. 이산화탄소와의 반응식과 위험한 이유(1)
6. 황산과의 반응식과 생성기체(2)
7. 주수소화 불가 이유(1)
8. 운반용기 외부표시 주의사항(1)

📋 1. III

2. $2Mg+O_2 \rightarrow 2MgO$ 생성물질: 산화마그네슘(MgO)

3. $Mg+2H_2O \rightarrow Mg(OH)_2+H_2$

4. $Mg+2HCl \rightarrow MgCl_2+H_2$

5. $2Mg+CO_2 \rightarrow 2MgO+C$, 위험한 이유: 폭발반응 발생

6. $Mg+H_2SO_4 \rightarrow MgSO_4+H_2$, 발생기체: 수소($H_2$)

7. $Mg+2H_2O \rightarrow Mg(OH)_2+H_2$이고, 수소 발생해 폭발 위험 존재

8. 화기주의/물기엄금

045

☆☆☆☆☆☆☆

인화성고체에 대한 물음에 답하시오.

괄호: (출제횟수)

1. 유별(2) 2. 지정수량(3) 3. 운반용기 외부 표시 주의사항(3) 4. 정의(4)

📋 1. 제2류 2. 1,000kg 3. 화기엄금 4. 고형알코올 그 밖에 1기압에서 인화점이 40℃ 미만인 고체

046

☆☆☆☆

제3류 위험물에 대해 옳은 것을 쓰시오.

괄호: (출제횟수)

1. 운반용기 외부표시 주의사항(1)

📋 1. 자연발화성물질: 화기엄금/공기접촉엄금 금수성물질: 물기엄금

047 ☆☆☆

제3류 위험물 중 위험등급 Ⅰ인 위험물 품명 5가지 쓰시오.

📋 칼륨/황린/나트륨/알킬리튬/알킬알루미늄

048 ☆

다음 중 자연발화성물질 또는 금수성물질을 고르시오.

> ・칼륨 ・황린 ・인화칼슘 ・글리세린 ・트리나이트로페놀 ・나이트로벤젠 ・수소화칼슘

🔍 자연발화성물질 및 금수성물질: 3류
글리세린: 4류 　 트리나이트로페놀: 5류 　 나이트로벤젠: 4류

📋 칼륨/황린/인화칼슘/수소화칼슘

049 ★☆☆

칼륨에 대한 물음에 답하시오.

괄호: (출제횟수)

> 1. 유별(2)
> 2. 지정수량(4)
> 3. 위험등급(1)
> 4. 불꽃색(1)
> 5. 보호액(1)
> 6. 경유와 반응여부(1)
> 7. 물과의 반응식과 생성기체(3)
> 8. 주수소화 불가 이유(1)
> 9. 에틸알코올(에탄올)과의 반응식(3)
> 10. 이산화탄소와의 반응식과 위험한 이유(4)

📋 1. 제3류 　 2. 10kg 　 3. Ⅰ 　 4. 보라색 　 5. 석유
6. 경유(석유)는 보호액이라 반응 없음 　 7. $2K + 2H_2O \rightarrow 2KOH + H_2$, 생성기체: 수소($H_2$)
8. $2K + 2H_2O \rightarrow 2KOH + H_2$이고, 수소 발생해 폭발 위험 존재
9. $2K + 2C_2H_5OH \rightarrow 2C_2H_5OK + H_2$
10. $4K + 3CO_2 \rightarrow 2K_2CO_3 + C$, 폭발반응 위험 존재

050
★☆☆☆☆

원자량 23, 불꽃반응 시 노란색 띠는 물질에 대한 물음에 답하시오.

괄호: (출제횟수)

1. 물질명(1)	2. 원소기호(1)
3. 유별(1)	4. 지정수량(6)
5. 위험등급(1)	6. 연소반응식(2)
7. 물과의 반응식(6)	8. 주수소화 불가 이유(1)
9. 에탄올과의 반응식과 생성기체의 위험도(2)	10. 적응성 있는 소화약제(2)
11. 보호액(3)	

📋 1. 나트륨   2. Na 3. 제3류   4. 10kg   5. I   6. $4Na + O_2 \rightarrow 2Na_2O$

7. $2Na + 2H_2O \rightarrow 2NaOH + H_2$

8. $2Na + 2H_2O \rightarrow 2NaOH + H_2$이고, 수소 발생해 폭발위험

9. $2Na + 2C_2H_5OH \rightarrow 2C_2H_5ONa + H_2$, 생성기체: 수소($H_2$)   수소 위험도: $\dfrac{75-4}{4} = 17.75$

10. 건조사/팽창질석/팽창진주암/탄산수소염류 분말소화설비   11. 석유(경유)

051
☆☆☆

알킬알루미늄에 대한 물음에 답하시오.

괄호: (출제횟수)

1. 유별(1)	2. 지정수량(2)	3. 위험등급(1)	4. 수납율(1)

📋 1. 제3류   2. 10kg   3. I   4. 90% 이하

052
☆☆☆

트리메틸알루미늄에 대한 물음에 답하시오.

괄호: (출제횟수)

1. 연소반응식(1)	2. 물과의 반응식(2)	3. 수납율(1)

📋 1. $2(CH_3)_3Al + 12O_2 \rightarrow Al_2O_3 + 6CO_2 + 9H_2O$

2. $(CH_3)_3Al + 3H_2O \rightarrow Al(OH)_3 + 3CH_4$

3. 90% 이하

053 ★☆☆☆☆☆☆

트리에틸알루미늄(TEAL)에 대한 물음에 답하시오. 괄호: (출제횟수)

1. 지정수량(1)	2. 수납율(1)
3. 연소반응식(6)	4. 물과의 반응식과 생성기체 명칭(10)
5. 자연발화반응식(1)	6. 메탄올과의 폭발 반응식과 생성 가연성기체(4)

🗒 1. 10kg 2. 90% 이하 3. $2(C_2H_5)_3Al+21O_2 \rightarrow 12CO_2+15H_2O+Al_2O_3$
4. $(C_2H_5)_3Al+3H_2O \rightarrow Al(OH)_3+3C_2H_6$ 생성기체: 에탄(C_2H_6)
5. $2(C_2H_5)_3Al+21O_2 \rightarrow 12CO_2+15H_2O+Al_2O_3$
6. $(C_2H_5)_3Al+3CH_3OH \rightarrow Al(CH_3O)_3+3C_2H_6$ 생성기체: 에탄(C_2H_6)

054 ☆☆☆

알킬리튬에 대한 물음에 답하시오. 괄호: (출제횟수)

1. 유별(1)	2. 지정수량(2)	3. 위험등급(1)	4. 수납율(1)

🗒 1. 제3류 2. 10kg 3. I 4. 90% 이하

055 ★☆☆☆☆

제2류 위험물과 동소체 관계 갖는 자연발화성 물질이며 물과 반응하지 않고, 연소 시 백색기체 발생하는 제3류 위험물에 대한 물음에 답하시오. 괄호: (출제횟수)

1. 물질명(2)	2. 화학식(1)	3. 유별(1)	4. 지정수량(3)
5. 위험등급(3)	6. 저장 시 보호액(2)	7. 옥내저장소 저장 시 바닥면적(3)	
8. 운반용기 외부 표시 주의사항(2)		9. 연소반응식과 흰 연기 정체(8)	
10. 이 물질 저장된 물에 강알칼리성 염류 첨가 시 반응식과 발생 독성기체 화학식(5)			

🗒 1. 황린 2. P_4 3. 제3류 4. 20kg 5. I 6. pH9 알칼리 물 7. 1,000m^2 이하
8. 화기엄금/공기접촉엄금 9. $P_4+5O_2 \rightarrow 2P_2O_5$, 흰 연기: 오산화린($P_2O_5$)
10. $P_4+3KOH+3H_2O \rightarrow 3KH_2PO_2+PH_3$, 발생 독성기체: 포스핀($PH_3$)

056
☆☆☆☆

알칼리금속(칼륨 및 나트륨 제외)및 알칼리토금속에 대한 물음에 답하시오.　괄호 : (출제횟수)

| 1. 유별(1) | 2. 지정수량(3) | 3. 위험등급(1) |

📋 1. 제3류　2. 50kg　3. II

057
☆☆☆☆

다음 물질에 대한 물음에 답하시오.　괄호 : (출제횟수)

| • 은백색의 연한 경금속 | • 비중 : 0.53 | • 불꽃반응 시 적색 | • 2차전지로 이용 |
| 1. 물질명(1) | 2. 지정수량(2) | 3. 물과의 반응식(2) | 4. 위험등급(1) |

📋 1. 리튬　2. 50kg　3. $2Li + 2H_2O \rightarrow 2LiOH + H_2$　4. II

058
☆

칼슘에 대한 물음에 답하시오.　괄호 : (출제횟수)

| 1. 물과의 반응식(1) |

📋 1. $Ca + 2H_2O \rightarrow Ca(OH)_2 + H_2$

059
☆☆☆☆

유기금속화합물(알킬알루미늄 및 알킬리튬 제외)에 대한 물음에 답하시오.　괄호 : (출제횟수)

| 1. 유별(1) | 2. 지정수량(3) |

📋 1. 제3류　2. 50kg

060

☆

수소화나트륨에 대한 물음에 답하시오.

괄호: (출제횟수)

1. 지정수량(1)

📋 1. 300kg

061

☆

수소화칼슘에 대한 물음에 답하시오.

괄호: (출제횟수)

1. 물과의 반응식(1)

📋 1. $CaH_2 + 2H_2O \rightarrow Ca(OH)_2 + 2H_2$

062

☆

수소화칼륨에 대한 물음에 답하시오.

괄호: (출제횟수)

1. 물과의 반응식(1)

📋 1. $KH + H_2O \rightarrow KOH + H_2$

063

☆

수소화알루미늄리튬에 대한 물음에 답하시오.

괄호: (출제횟수)

1. 화학식(1)	2. 물과의 반응식(1)

📋 1. $LiAlH_4$ 2. $LiAlH_4 + 4H_2O \rightarrow LiOH + Al(OH)_3 + 4H_2$

064 ★

인화칼슘에 대한 물음에 답하시오.

괄호 : (출제횟수)

| 1. 화학식(1) | 2. 유별(3) | 3. 지정수량(4) | 4. 물과의 반응식과 생성기체와 위험한 이유(9) |

📋 1. Ca_3P_2 2. 제3류 3. 300kg

4. $Ca_3P_2 + 6H_2O \rightarrow 3Ca(OH)_2 + 2PH_3$, 생성기체 : 포스핀($PH_3$) 위험이유 : 유독성가스(포스핀) 발생

065 ☆☆

인화아연에 대한 물음에 답하시오.

괄호 : (출제횟수)

| 1. 화학식(2) | 2. 지정수량(2) |

📋 1. Zn_3P_2 2. 300kg

066 ☆☆☆

인화알루미늄에 대한 물음에 답하시오.

괄호 : (출제횟수)

| 1. 물과의 반응식과 생성기체(3) |

📋 $AlP + 3H_2O \rightarrow Al(OH)_3 + PH_3$, 생성기체 : 포스핀($PH_3$)

067 ★

다음 물질에 대한 물음에 답하시오. 괄호: (출제횟수)

| • 제3류 위험물 | • 지정수량: 300kg | • 분자량: 64 | • 비중: 2.2 |

1. 물질명(1)
2. 화학식(1)
3. 물과의 반응식과 생성기체 명칭(10)
4. 물과의 반응 시 생성기체의 완전연소반응식, 연소범위(5)
5. 고온에서 질소와의 반응식과 생성물 명칭(1)

📖 1. 탄화칼슘(카바이드)
  2. CaC_2
  3. $CaC_2 + 2H_2O \rightarrow Ca(OH)_2 + C_2H_2$, 생성기체: 아세틸렌($C_2H_2$)
  4. 생성기체: 아세틸렌, $2C_2H_2 + 5O_2 \rightarrow 4CO_2 + 2H_2O$, 연소범위: 2.5~100%
  5. $CaC_2 + N_2 \rightarrow CaCN_2 + C$ 생성물: $CaCN_2$(석회질소(=칼슘시안아미드)), C(탄소)

068 ☆☆☆☆☆☆☆

탄화알루미늄에 대한 물음에 답하시오. 괄호: (출제횟수)

| 1. 지정수량(1)   2. 물과의 반응식(5)   3. 염산과의 반응식(1) |
| 4. 물과 반응 시 생성 기체의 화학식, 연소반응식, 연소범위, 위험도, 증기비중(3) |

📖 1. 300Kg
  2. $Al_4C_3 + 12H_2O \rightarrow 4Al(OH)_3 + 3CH_4$
  3. $Al_4C_3 + 12HCl \rightarrow 4AlCl_3 + 3CH_4$
  4. 화학식: CH_4, 연소반응식: $CH_4 + 2O_2 \rightarrow CO_2 + 2H_2O$, 연소범위: 5 ~ 15%,
    위험도: $\dfrac{15-5}{5} = 2$ 증기비중: $\dfrac{16}{29} = 0.55$

069   ☆☆

제4류 위험물에 대한 물음에 답하시오.

괄호: (출제횟수)

1. 운반용기 외부표시 주의사항(2)

🔳 1. 화기엄금

070   ☆☆☆☆

제4류 위험물 중 위험등급 Ⅱ인 품명 2가지 쓰시오.

🔳 알코올류/제1석유류

071

☆☆☆☆☆☆

제4류 위험물에 대한 내용이다. 빈칸을 채우시오.

1. "특수인화물"이라 함은 이황화탄소, 다이에틸에터 그 밖에 1기압에서 발화점이 섭씨 (A)도 이하인 것 또는 인화점이 섭씨 영하 (B)도 이하이고 비점이 섭씨 (C)도 이하인 것을 말한다.
2. "제1석유류"라 함은 아세톤, 휘발유 그 밖에 1기압에서 인화점이 섭씨 (D)도 미만인 것을 말한다.
3. "제2석유류"라 함은 등유, 경유 그 밖에 1기압에서 인화점이 섭씨 (E)도 이상 (F)도 미만인 것을 말한다.
4. "제3석유류"라 함은 중유, 크레오소트유 그 밖에 1기압에서 인화점이 섭씨 (G)도 이상 섭씨 (H)도 미만인 것을 말한다.
5. "제4석유류"라 함은 기어유, 실린더유 그 밖에 1기압에서 인화점이 섭씨 (I)도 이상 섭씨 (J)도 미만의 것을 말한다.
6. "동식물유류"라 함은 동물의 지육(枝肉 : 머리, 내장, 다리를 잘라 내고 아직 부위별로 나누지 않은 고기를 말한다) 등 또는 식물의 종자나 과육으로부터 추출한 것으로서 1기압에서 인화점이 섭씨 (K)도 미만인 것을 말한다.
7. "제2석유류"라 함은 등유, 경유 그 밖에 1기압에서 인화점이 섭씨 21도 이상 70도 미만인 것을 말한다. 다만, 도료류 그 밖의 물품에 있어서 가연성 액체량이 (L)중량퍼센트 이하이면서 인화점이 섭씨 40도 이상인 동시에 연소점이 섭씨 60도 이상인 것은 제외한다.

해 1. "특수인화물"이라 함은 이황화탄소, 다이에틸에터 그 밖에 1기압에서 발화점이 섭씨 100도 이하인 것 또는 인화점이 섭씨 영하 20도 이하이고 비점이 섭씨 40도 이하인 것을 말한다.
2. "제1석유류"라 함은 아세톤, 휘발유 그 밖에 1기압에서 인화점이 섭씨 21도 미만인 것을 말한다.
3. "제2석유류"라 함은 등유, 경유 그 밖에 1기압에서 인화점이 섭씨 21도 이상 70도 미만인 것을 말한다. 다만, 도료류 그 밖의 물품에 있어서 가연성 액체량이 40중량퍼센트 이하이면서 인화점이 섭씨 40도 이상 인 동시에 연소점이 섭씨 60도 이상인 것은 제외한다.
4. "제3석유류"라 함은 중유, 크레오소트유 그 밖에 1기압에서 인화점이 섭씨 70도 이상 섭씨 200도 미만인 것을 말한다. 다만, 도료류 그 밖의 물품은 가연성 액체량이 40중량퍼센트 이하인 것은 제외한다.
5. "제4석유류"라 함은 기어유, 실린더유 그 밖에 1기압에서 인화점이 섭씨 200도 이상 섭씨 250도 미만의 것을 말한다. 다만 도료류 그 밖의 물품은 가연성 액체량이 40중량퍼센트 이하인 것은 제외한다.
6. "동식물유류"라 함은 동물의 지육(枝肉: 머리, 내장, 다리를 잘라 내고 아직 부위별로 나누지 않은 고기를 말한다) 등 또는 식물의 종자나 과육으로부터 추출한 것으로서 1기압에서 인화점이 섭씨 250도 미만인 것을 말한다. 다만, 법 제20조제1항의 규정에 의하여 행정안전부령으로 정하는 용기기준과 수납·저장기준에 따라 수납되어 저장·보관되고 용기의 외부에 물품의 통칭명, 수량 및 화기엄금(화기엄금과 동일한 의미를 갖는 표시를 포함한다)의 표시가 있는 경우를 제외한다.

답 A: 100   B: 20   C: 40   D: 21   E: 21   F: 70   G: 70   H: 200   I: 200   J: 250   K: 250
L: 40

072 ☆

제4류 위험물 중 지정수량이 옳은 것을 고르시오.

> • 테레핀유 : 400L • 기어유 : 6,000L • 에틸렌글리콜 : 8,000L • 아닐린 : 2,000L
> • 피리딘 : 400L • 산화프로필렌 : 400L

🔍 테레핀유 : 1,000L   에틸렌글리콜 : 4,000L   산화프로필렌 : 50L

📋 기어유/아닐린/피리딘

073 ☆☆☆

특수인화물에 대한 물음에 답하시오.

괄호 : (출제횟수)

> 1. 지정수량(3)   2. 조건 2가지(1)   3. 해당물질 4가지(1)

📋 1. 50L
　　2. 1) 이황화탄소, 다이에틸에터 그 밖에 1기압에서 발화점이 섭씨 100도 이하인 것
　　　　2) 인화점이 영하 20℃ 이하이고 비점이 섭씨 40도 이하인 것
　　3. 이황화탄소/산화프로필렌/다이에틸에터/아세트알데하이드

074

★☆☆☆☆☆☆☆

분자량 76이며 특수인화물 중 물속에 저장하는 위험물에 대한 물음에 답하시오. 괄호: (출제횟수)

1. 물질명(1)	2. 품명(1)
3. 지정수량(1)	4. 위험등급(1)
5. 연소 반응식과 발생독성가스 화학식(6)	6. 물과의 반응식과 생성물질(1)
7. 인화점(4)	8. 보호액(1)
9. 증기비중(2)	10. 소화효과(1)
11. 수용성 여부(1)	12. 불꽃반응 색(1)
13. 옥외저장탱크 저장 시 철근콘크리트 수조 두께(3)	14. 발화점(1)
15. 규격에 맞는 철근콘크리트 수조에 보관 시 생략사항 3가지(1)	

해 이황화탄소의 옥외저장탱크는 벽 및 바닥의 두께가 0.2m 이상이고 누수가 되지 아니하는 철근콘크리트의 수조에 넣어 보관하여야 한다. 이 경우 보유공지·통기관 및 자동계량장치는 생략할 수 있다.

답 1. 이황화탄소   2. 특수인화물   3. 50L   4. I
5. $CS_2 + 3O_2 \rightarrow 2SO_2 + CO_2$, 발생 독성가스 : 이산화황($SO_2$)
6. $CS_2 + 2H_2O \rightarrow 2H_2S + CO_2$ 생성물질 : 황화수소(H_2S), 이산화탄소(CO_2)
7. -30℃   8. 물   9. $\dfrac{CS_2 \text{ 분자량}}{\text{공기 분자량}} = \dfrac{76}{29} = 2.62$

10. 비중이 1.26으로 물보다 무겁고, 녹지 않아서 질식소화 적용   11. 비수용성
12. 푸른색   13. 0.2m 이상   14. 90℃   15. 통기관/보유공지/자동계량장치

075

★☆☆

다음 물질에 대한 물음에 답하시오.

괄호 : (출제횟수)

- 알코올류 산화환원과정 : 에틸알코올 ↔ A ↔ 아세트산
- 비점 : 21℃
- 은거울반응
- 에틸렌과 산소를 $CuCl_2$ 촉매 하에 생성된 물질

1. A물질명(2)
2. A화학식(1)
3. A시성식(8)
4. A품명(1)
5. A지정수량(1)
6. A연소반응식(1)
7. A산화 반응식과 생성물질의 명칭과 화학식(5)
8. A증기비중(7)
9. A증기밀도(g/L)(1)
10. 연소범위(1)
11. 위험도(1)
12. 수용성 여부(2)
13. 보냉장치가 없는 이동저장탱크에 저장 시 유지 온도(1)
14. 옥외저장탱크 중 압력탱크 외 탱크에 저장 시 유지 온도(1)

해 – 보냉장치가 있는 이동저장탱크에 저장하는 아세트알데하이드등 또는 다이에틸에터등의 온도는 당해 위험물의 비점 이하로 유지할 것
  – 보냉장치가 없는 이동저장탱크에 저장하는 아세트알데하이드등 또는 디에틸에터등의 온도는 40℃ 이하로 유지할 것
  – 옥외저장탱크·옥내저장탱크 또는 지하저장탱크 중 압력탱크 외의 탱크에 저장하는 다이에틸에터등 또는 아세트알데하이드등의 온도는 산화프로필렌과 이를 함유한 것 또는 다이에틸에터등에 있어서는 30℃ 이하로, 아세트알데하이드 또는 이를 함유한 것에 있어서는 15℃ 이하로 각각 유지할 것

답 1. 아세트알데하이드 2. CH_3CHO 3. CH_3CHO 4. 특수인화물 5. 50L

6. $2CH_3CHO + 5O_2 \rightarrow 4CO_2 + 4H_2O$

7. $2CH_3CHO + O_2 \rightarrow 2CH_3COOH$, 생성물질 : 아세트산($CH_3COOH$)

8. $\dfrac{CH_3CHO분자량}{공기분자량} = \dfrac{44}{29} = 1.52$ 9. $\dfrac{CH_3CHO분자량}{1몰\ 부피} = \dfrac{44}{22.4} = 1.96g/L$

10. 4~60% 11. $\dfrac{60-4}{4} = 14$ 12. 수용성 13. 40℃ 이하 14. 15℃ 이하

076

☆

아세트알데하이드의 산화 및 환원 과정서 생기는 물질들의 이름과 연소반응식을 쓰시오.

해 알코올류 산화환원과정 : 에틸알코올 ↔ 아세트알데하이드 ↔ 아세트산

답 산화 시 생기는 물질 : 아세트산   연소반응식 : $CH_3COOH + 2O_2 \rightarrow 2CO_2 + 2H_2O$
  환원 시 생기는 물질 : 에틸알코올   연소반응식 : $C_2H_5OH + 3O_2 \rightarrow 2CO_2 + 3H_2O$

077 ☆☆☆☆☆☆☆

에틸알코올에 진한 황산 더해 가열하는 축합반응으로 생성되는 다이에틸에터에 대한 물음에 답하시오.

괄호: (출제횟수)

| 1. 지정수량(1) | 2. 시성식(1) | 3. 증기비중(1) | 4. 인화점(3) | 5. 위험도(1) |

답 1. 50L   2. $C_2H_5OC_2H_5$ 3. $\dfrac{C_2H_5OC_2H_5 분자량}{공기분자량} = \dfrac{74}{29} = 2.55$ 4. $-40℃$

5. $\dfrac{48 - 1.7}{1.7} = 27.24$

078 ☆☆☆☆☆☆☆☆☆

분자량 58이고, 은/수은/구리/마그네슘과 반응 시 폭발성 아세틸리드 생성하는 물질에 대한 물음에 답하시오.

괄호: (출제횟수)

1. 물질명(1)	2. 화학식(3)	3. 지정수량(3)
4. 위험등급(1)	5. 인화점(3)	6. 증기비중(1)
7. 보냉장치가 없는 이동탱크저장소에 저장 시 유지온도(1)		8. 발화점(1)

해 보냉장치가 없는 이동저장탱크에 저장하는 아세트알데하이드등(= 아세트알데하이드, 산화프로필렌) 또는 다이에틸에터등의 온도는 40℃ 이하로 유지할 것

답 1. 산화프로필렌   2. CH_3CH_2CHO 3. 50L   4. I   5. $-37℃$ 6. $\dfrac{산화프로필렌 분자량}{공기분자량} = \dfrac{58}{29} = 2$

7. 40℃ 이하   8. 449℃

079 ☆

제1석유류에 대한 물음에 답하시오.

괄호: (출제횟수)

| 1. 유별(1) | 2. 수용성 지정수량(2) | 3. 위험등급(1) | 4. 인화점(1) |

답 1. 제4류   2. 400L   3. II   4. 21℃ 미만

080

☆☆☆☆☆☆☆

금속니켈 촉매 하에서 300℃로 가열 시 수소첨가반응으로 시클로헥산 생성하며 인화점이 낮아 고체상태에서도 인화할 수 있는 분자량 78인 방향족 탄화수소물질에 대한 물음에 답하시오.

괄호 : (출제횟수)

1. 물질명(2)	2. 구조식(3)	3. 시성식(1)
4. 지정수량(1)	5. 증기비중(1)	6. 인화점(3)
7. 화학식(1)	8. 위험등급(1)	9. 위험물안전카드 휴대여부(1)
10. 수용성 여부(1)		

해 위험물(제4류 위험물에 있어서는 특수인화물 및 제1석유류에 한한다)을 운송하게 하는 자는 별지의 위험물 안전카드를 위험물운송자로 하여금 휴대하게 할 것

답 1. 벤젠   2. ⬡   3. C_6H_6 4. 200L   5. $\dfrac{\text{벤젠분자량}}{\text{공기분자량}} = \dfrac{78}{29} = 2.69$ 6. -11℃   7. C_6H_6 8. II

9. 휴대해야 됨   10. 비수용성

081

☆

휘발유(가솔린)에 대한 물음에 답하시오.

괄호 : (출제횟수)

1. 품명(1)

답 1. 제1석유류(비수용성)

082

☆☆☆☆☆☆

초산에틸에 대한 물음에 답하시오.

괄호 : (출제횟수)

1. 시성식(1)	2. 인화점(5)

답 1. $CH_3COOC_2H_5$ 2. -3℃

083

☆☆☆☆☆☆☆

톨루엔에 대한 물음에 답하시오.

괄호 : (출제횟수)

1. 품명(1)   2. 연소범위(1)   3. 위험도(1)   4. 증기비중(1)
5. 증기밀도(g/L)(2)   6. 수납율(1)   7. 지정수량(1)   8. 인화점(1)

🗒 1. 제1석유류(비수용성)   2. 1.27~7%   3. $\dfrac{7-1.27}{1.27}=4.51$ 4. $\dfrac{톨루엔분자량}{공기분자량}=\dfrac{92}{29}=3.17$

5. $\dfrac{톨루엔분자량}{1몰부피}=\dfrac{92}{22.4}=4.11g/L$ 6. 98% 이하   7. 200L   8. 4℃

084

☆☆☆☆

메틸에틸케톤에 대한 물음에 답하시오.

괄호 : (출제횟수)

1. 품명(1)   2. 지정수량(2)   3. 연소범위(1)   4. 인화점(1)   5. 완전연소반응식(1)

🗒 1. 제1석유류(비수용성)   2. 200L   3. 1.8~10%   4. $-7℃$ 5. $2CH_3COC_2H_5+11O_2 \rightarrow 8CO_2+8H_2O$

085

☆

에틸벤젠에 대한 물음에 답하시오.

괄호 : (출제횟수)

1. 인화점

🗒 1. 15℃

086 ★☆☆

이소프로필알코올 산화시켜 만든 것으로 아이오딘포름 반응하는 물질에 대한 물음에 답하시오.

괄호: (출제횟수)

1. 물질명(1)	2. 시성식(2)	3. 품명(1)	4. 지정수량(3)
5. 인화점(5)	6. 수용성 여부(2)	7. 증기비중(1)	8. 구조식(1)

📋 1. 아세톤   2. CH_3COCH_3 3. 제1석유류(수용성)   4. 400L   5. $-18.5℃$ 6. 수용성
7. $\dfrac{\text{아세톤분자량}}{\text{공기분자량}} = \dfrac{58}{29} = 2$ 8.

$$H-\overset{\displaystyle H}{\underset{\displaystyle H}{C}}-\overset{\displaystyle O}{C}-\overset{\displaystyle H}{\underset{\displaystyle H}{C}}-H$$

087 ☆☆

맹독성이고, 분자량 27이며 끓는점 26℃인 물질에 대한 물음에 답하시오.

괄호: (출제횟수)

1. 물질명(1)	2. 화학식(1)	3. 품명(1)	4. 지정수량(1)	5. 증기비중(1)

📋 1. 시안화수소   2. HCN 3. 제1석유류(수용성)   4. 400L   5. $\dfrac{HCN\text{분자량}}{\text{공기분자량}} = \dfrac{27}{29} = 0.93$

088 ☆

피리딘에 대한 물음에 답하시오.

1. 화학식(1)	2. 증기비중(1)

📋 1. C_5H_5N 2. $\dfrac{79}{29} = 2.72$

089   ☆

제4류 위험물인 알코올류에 대한 내용이다. 틀린 것을 바르게 고치시오.

> 1. "알코올류"라 함은 1분자를 구성하는 탄소원자의 수가 1개부터 3개까지인 포화1가 알코올(변성알코올을 포함한다)을 말한다.
> 2. 위험등급이 II이다.
> 3. 지정수량이 800L이다.
> 4. 옥내저장소 바닥면적이 2,000m² 이하이다.
> 5. 알코올류 제외대상은 1분자를 구성하는 탄소원자의 수가 1개 내지 3개의 포화1가 알코올의 함유량이 60중량퍼센트 미만인 수용액

해 "알코올류"라 함은 1분자를 구성하는 탄소원자의 수가 1개부터 3개까지인 포화1가 알코올(변성알코올을 포함한다)을 말한다. 다만, 다음 각목의 1에 해당하는 것은 제외한다.
　　가. 1분자를 구성하는 탄소원자의 수가 1개 내지 3개의 포화1가 알코올의 함유량이 60중량퍼센트 미만인 수용액
　　나. 가연성액체량이 60중량퍼센트 미만이고 인화점 및 연소점(태그개방식인화점측정기에 의한 연소점을 말한다. 이하 같다)이 에틸알코올 60중량퍼센트 수용액의 인화점 및 연소점을 초과하는 것

답 3. 지정수량이 400L이다.
　　4. 옥내저장소 바닥면적이 1,000m² 이하이다.

090   ☆☆

제4류 위험물인 알코올류에서 제외되는 경우에 대한 내용이다. 빈칸을 채우시오.

> "알코올류"라 함은 1분자를 구성하는 탄소원자의 수가 1개부터 (　A　)개까지인 포화1가 알코올(변성알코올을 포함한다)을 말한다. 다만, 다음 각목의 1에 해당하는 것은 제외한다.
> 가. 1분자를 구성하는 탄소원자의 수가 1개 내지 3개의 포화1가 알코올의 함유량이 (　B　)% 미만인 수용액
> 나. 가연성액체량이 (　C　)% 미만이고 인화점 및 연소점(태그개방식인화점측정기에 의한 연소점을 말한다. 이하 같다)이 에틸알코올 60% 수용액 인화점 및 연소점을 초과하는 것

해 윗 해설 참조
답 A: 3　B: 60　C: 60

091

☆

다음 물질의 품명을 쓰시오.

> • n-부탄올   • 이소프로필알코올   • 1-프로판올   • t-부탄올   • 이소부틸알코올

🗒 n-부탄올 : 제2석유류(비수용성)   이소프로필알코올 : 알코올류   1-프로판올 : 알코올류
   t-부탄올 : 제1석유류(수용성)   이소부틸알코올 : 제2석유류(비수용성)

092

☆☆☆☆☆☆☆☆

술과 화장품 원료이며 아이오딘포름 반응을 하고 산화 시 아세트알데하이드 되는 물질에 대한
물음에 답하시오.

괄호 : (출제횟수)

> 1. 물질명(1)   2. 지정수량(2)   3. 연소반응식(6)   4. 칼륨과 반응식과 생성기체 명칭(2)
> 5. 진한황산과의 반응식과 생성위험물 화학식(2)   6. 구조이성체인 디메틸에테르 화학식(2)
> 7. 화학식(1)   8. 발화점(1)   9. 산화시 생성물질(1)

🗒 1. 에틸알코올(에탄올)   2. 400L   3. $C_2H_5OH + 3O_2 \rightarrow 2CO_2 + 3H_2O$
   4. $2K + 2C_2H_5OH \rightarrow 2C_2H_5OK + H_2$ 발생기체 : 수소(H_2)
   5. $2C_2H_5OH \xrightarrow{C-H_2SO_4} C_2H_5OC_2H_5 + H_2O$ 생성물 : $C_2H_5OC_2H_5$ (다이에틸에터)
   6. C_2H_6O 7. C_2H_5OH 8. 400℃   9. 아세트알데히드(CH_3CHO)

093

★☆

흡입 시 시신경 마비시키고, 분자량 32인 물질에 대한 물음에 답하시오.

괄호 : (출제횟수)

> 1. 물질명(2)   2. 유별(1)   3. 품명(1)   4. 지정수량(3)   5. 연소반응식(3)
> 6. 연소범위(1)   7. 위험도(1)   8. 인화점(4)   9. 수용성 여부(1)
> 10. 산화시 최종 생성물(제2석유류)(1)   11. 옥내저장소 바닥면적(1)

🗒 1. 메틸알코올(메탄올)   2. 제4류   3. 알코올류   4. 400L   5. $2CH_3OH + 3O_2 \rightarrow 2CO_2 + 4H_2O$
   6. 6~36%   7. $\dfrac{36-6}{6} = 5$ 8. 11.11℃   9. 수용성   10. 폼산(개미산)   11. 1,000m^2 이하

094

☆☆☆☆☆

제2석유류에 대한 물음에 답하시오.

괄호: (출제횟수)

| 1. 수용성 지정수량(2) | 2. 인화점(1) | 3. 옥내저장소 바닥면적(1) |
| 4. 정의(1) | 5. 비수용성 지정수량(1) | |

해 "제2석유류"라 함은 등유, 경유 그 밖에 1기압에서 인화점이 섭씨 21도 이상 70도 미만인 것을 말한다. 다만, 도료류 그 밖의 물품에 있어서 가연성 액체량이 40중량퍼센트 이하이면서 인화점이 섭씨 40도 이상인 동시에 연소점이 섭씨 60도 이상인 것은 제외한다.

답 1. 2,000L   2. 21℃ 이상 70℃ 미만   3. 2,000m^2 이하
   4. 등유, 경유 그 밖에 1기압에서 인화점이 21℃ 이상 70℃ 미만인 것   5. 1,000L

095

☆☆☆

제2석유류인 것을 고르시오.

| 1. 등유   2. 중유   3. 1기압에서 인화점이 섭씨 21도 이상 70도 미만인 것 |
| 4. 1기압에서 인화점이 섭씨 200도 이상 섭씨 250도 미만의 것 |
| 5. 도료류 그 밖의 물품에 있어서 가연성 액체량이 40중량퍼센트 이하이면서 인화점이 섭씨 40도 |
| 이상인 동시에 연소점이 섭씨 60도 이상인 것 |
| 6. 아세톤   7. 기어유 |

해 2: 제3석유류   4: 제4석유류   5: 제2석유류 제외사항   6: 제1석유류   7. 제4석유류
   윗 해설 참조

답 1/3

096

☆☆☆☆☆

클로로벤젠에 대한 물음에 답하시오.

괄호: (출제횟수)

| 1. 유별(1) | 2. 품명(1) | 3. 지정수량(2) |
| 4. 인화점(1) | 5. 수용성 여부(2) | 6. 시성식(1) |

답 1. 제4류   2. 제2석유류(비수용성)   3. 1,000L   4. 27℃   5. 비수용성   6. C_6H_5Cl

097 ☆☆☆

경유에 대한 물음에 답하시오.

괄호: (출제횟수)

1. 품명(1)	2. 지정수량(3)

답 1. 제2석유류(비수용성) 2. 1,000L

098 ☆☆

등유에 대한 물음에 답하시오.

괄호: (출제횟수)

1. 품명(1)	2. 지정수량(2)	3. 위험등급(1)

답 1. 제2석유류(비수용성) 2. 1,000L 3. III

099 ☆☆

스티렌에 대한 물음에 답하시오.

괄호: (출제횟수)

1. 수용성 여부(1)	2. 인화점(1)

답 1. 비수용성 2. 32℃

100 ☆☆☆☆☆

아세트알데하이드가 산화해서 생성되는 아세트산(초산)에 대한 물음에 답하시오.

괄호: (출제횟수)

1. 화학식(1)	2. 유별(1)	3. 품명(1)	4. 지정수량(1)
5. 연소반응식(4)	6. 옥내저장소 바닥면적(2)	7. 시성식(1)	

답 1. CH_3COOH 2. 제4류 3. 제2석유류(수용성) 4. 2,000L 5. $CH_3COOH + 2O_2 \rightarrow 2CO_2 + 2H_2O$
6. $2,000m^2$ 이하 7. CH_3COOH

101 ☆☆

분자량이 32이고, 로켓의 연료로 사용되는 물질에 대한 물음에 답하시오.

괄호: (출제횟수)

| 1. 화학식(1) | 2. 품명(1) | 3. 지정수량(1) | 4. 물질명(1) | 5. 시성식(1) | 6. 연소반응식(1) |

답 1. N_2H_4　2. 제2석유류(수용성)　3. 2,000L　4. 하이드라진　5. N_2H_4　6. $N_2H_4 + O_2 \rightarrow N_2 + 2H_2O$

102 ☆☆

다음 물질에 대한 물음에 답하시오.

괄호: (출제횟수)

> 알코올류 산화환원과정: 메틸알코올 ↔ 포름알데하이드 ↔ A

| 1. 물질명(1) | 2. 화학식(1) | 3. 시성식(1) | 4. 유별(1) | 5. 품명(1) | 6. 연소반응식(1) |

답 1. 폼산(개미산)　2. $HCOOH$　3. $HCOOH$　4. 제4류　5. 제2석유류(수용성)
6. $2HCOOH + O_2 \rightarrow 2CO_2 + 2H_2O$

103 ☆☆☆☆

제3석유류에 대한 물음에 답하시오.

괄호: (출제횟수)

| 1. 수용성 지정수량(4) | 2. 인화점(1) |

답 1. 4,000L　2. 70℃ 이상 200℃ 미만

104 ☆☆☆☆

아닐린에 대한 물음에 답하시오.

괄호: (출제횟수)

| 1. 시성식(1) | 2. 품명(1) | 3. 지정수량(1) | 4. 운반용기 외부 표시 주의사항(1) | 5. 인화점(1) |

답 1. $C_6H_5NH_2$　2. 제3석유류(비수용성)　3. 2,000L　4. 화기엄금　5. 70℃

105

중유에 대한 물음에 답하시오.

☆☆

괄호 : (출제횟수)

1. 지정수량(2)	2. 위험등급(1)

目 1. 2,000L 2. III

106

나이트로벤젠에 대한 물음에 답하시오.

☆☆☆☆

괄호 : (출제횟수)

1. 유별(1)	2. 품명(1)	3. 인화점(4)

目 1. 제4류 2. 제3석유류(비수용성) 3. 88℃

107

에틸렌글리콜에 대한 물음에 답하시오.

☆☆☆☆☆☆☆

괄호 : (출제횟수)

1. 화학식(1)	2. 품명(3)	3. 지정수량(1)	4. 인화점(4)

目 1. $C_2H_4(OH)_2$ 2. 제3석유류(수용성) 3. 4,000L 4. 120℃

108

글리세린에 대한 물음에 답하시오.

☆☆☆

괄호 : (출제횟수)

1. 화학식(1)	2. 품명(1)	3. 지정수량(1)	4. 인화점(2)

目 1. $C_3H_5(OH)_3$ 2. 제3석유류(수용성) 3. 4,000L 4. 160℃

109 ☆☆

제4석유류에 대한 물음에 답하시오. 괄호: (출제횟수)

1. 지정수량(2)	2. 인화점(1)

📋 1. 6,000L   2. 200℃ 이상 250℃ 미만

110 ☆

기어유에 대한 물음에 답하시오. 괄호: (출제횟수)

1. 지정수량(1)

📋 1. 6,000L

111 ★

동식물유류에 대한 물음에 답하시오. 괄호: (출제횟수)

1. 요오드가로 분류와 물질 4가지(10)

📋 1.

요오드가	100 이하 (불건성유)	100~130 (반건성유)	130 이상 (건성유)
물질	야자유/땅콩유/올리브유/피마자유	콩기름/쌀겨유/참기름/면실유(＝목화씨유)	동유/들기름/아마인유/정어리기름

112

☆

제4류 위험물 중 인화점이 21℃ 이상 70℃ 미만이며 수용성인 위험물을 고르시오.

> • 폼산(＝개미산)   • 나이트로벤젠   • 아세트산   • 이황화탄소   • 메틸알코올   • 글리세린

🄷 인화점이 21℃ 이상 70℃ 미만: 제2석유류
　나이트로벤젠: 제3석유류(비수용성)　　이황화탄소: 특수인화물　　메틸알코올: 알코올류
　글리세린: 제3석유류(수용성)

🄰 폼산(＝개미산)/아세트산

113

☆☆☆

불티, 불꽃, 고온체와의 접근이나 과열, 충격 또는 마찰을 피해야 하는 위험물에 대한 물음에 답하시오.

괄호: (출제횟수)

> 1. 유별(1)　　　　　　　2. 운반용기 외부 표시 주의사항(3)　　　　3. 질식소화 불가 이유(1)

🄰 1. 제5류　2. 화기엄금/충격주의　3. 자기반응성물질로 산소 없어도 분자 내 산소로 자기연소하기 때문이다.

114

☆☆☆

지정과산화물(유기과산화물)에 대한 물음에 답하시오.

괄호: (출제횟수)

> 1. 유별(1)　　　　　　2. 지정수량(1)　　　　　　3. 위험등급(2)
> 4. 옥내저장소 바닥면적(1)　　5. 철근콘크리트조로 만든 옥내저장소 외벽 두께(1)

🄷 저장창고의 외벽은 두께 20cm 이상의 철근콘크리트조나 철골철근콘크리트조 또는 두께 30cm 이상의 보강 콘크리트블록조로 할 것

🄰 1. 제5류　2. 1종: 10kg, 2종: 100kg　3. 제1종: I　제2종: II　4. 1,000m^2 이하　5. 두께 20cm 이상

115 ☆☆☆☆☆

지정과산화물 저장, 취급하는 옥내저장소 저장창고 기준이다. 빈칸을 채우시오.

지정과산화물 저장, 취급하는 옥내저장소의 저장창고의 기준은 다음과 같다.
1) 저장창고는 (A)m² 이내마다 격벽으로 완전하게 구획할 것. 이 경우 당해 격벽은 두께
 (B)cm 이상의 철근콘크리트조 또는 철골철근콘크리트조로 하거나 두께 (C)cm 이상의 보
 강콘크리트블록조로 하고, 당해 저장창고의 양측 외벽으로부터 (D)m 이상, 상부 지붕으로부
 터 (E)cm 이상 돌출하게 해야 한다.
2) 저장창고의 외벽은 두께 (F)cm 이상의 철근콘크리트조나 철골철근콘크리트조 또는 두께 30
 cm 이상의 보강콘크리트블록조로 할 것
3) 저장창고의 지붕은 다음 각목의 1에 적합할 것
 가) 중도리 또는 서까래의 간격은 (G)cm 이하로 할 것
 나) 지붕의 아래쪽 면에는 한 변의 길이가 (H)cm 이하의 환강(丸鋼)·경량형강(輕量形鋼) 등으
 로 된 강제(鋼製)의 격자를 설치할 것
 다) 지붕의 아래쪽 면에 (I)을 쳐서 불연재료의 도리(서까래를 받치기 위해 기둥과 기둥 사이
 에 설치한 부재)·보 또는 서까래에 단단히 결합할 것
 라) 두께 (J)cm 이상, 너비 (K)cm 이상의 목재로 만든 받침대를 설치할 것
4) 저장창고의 출입구에는 60분+방화문 또는 60분방화문을 설치할 것
5) 저장창고의 창은 바닥면으로부터 2m 이상의 높이에 두되, 하나의 벽면에 두는 창의 면적의 합계를
 당해 벽면의 면적의 80분의 (L) 이내로 하고, 하나의 창의 면적을 0.4m² 이내로 할 것

해 지정과산화물 저장, 취급하는 옥내저장소의 저장창고의 기준은 다음과 같다.
 1) 저장창고는 150m² 이내마다 격벽으로 완전하게 구획할 것. 이 경우 당해 격벽은 두께 30cm 이상의 철근
 콘크리트조 또는 철골철근콘크리트조로 하거나 두께 40cm 이상의 보강콘크리트블록조로 하고, 당해 저장
 창고의 양측 외벽으로부터 1m 이상, 상부 지붕으로부터 50cm 이상 돌출하게 해야 한다.
 2) 저장창고의 외벽은 두께 20cm 이상의 철근콘크리트조나 철골철근콘크리트조 또는 두께 30cm 이상의
 보강콘크리트블록조로 할 것
 3) 저장창고의 지붕은 다음 각목의 1에 적합할 것
 가) 중도리(서까래 중간을 받치는 수평의 도리) 또는 서까래의 간격은 30cm 이하로 할 것
 나) 지붕의 아래쪽 면에는 한 변의 길이가 45cm 이하의 환강(丸鋼)·경량형강(輕量形鋼) 등으로 된 강제(鋼製)의 격자를 설치할 것
 다) 지붕의 아래쪽 면에 철망을 쳐서 불연재료의 도리(서까래를 받치기 위해 기둥과 기둥 사이에 설치한 부재)·보 또는 서까래에 단단히 결합할 것
 라) 두께 5cm 이상, 너비 30cm 이상의 목재로 만든 받침대를 설치할 것
 4) 저장창고의 출입구에는 60분+방화문 또는 60분방화문을 설치할 것
 5) 저장창고의 창은 바닥면으로부터 2m 이상의 높이에 두되, 하나의 벽면에 두는 창의 면적의 합계를 당해 벽면의 면적의 80분의 1 이내로 하고, 하나의 창의 면적을 0.4m² 이내로 할 것

답 A: 150 B: 30 C: 40 D: 1 E: 50 F: 20 G: 30 H: 45 I: 철망 J: 5 K: 30 L: 1

116

☆☆☆☆☆☆

과산화벤조일(벤조일퍼옥사이드, BPO)에 대한 물음에 답하시오.

괄호: (출제횟수)

1. 화학식(1)	2. 구조식(3)	3. 지정수량(1)
4. 운반용기 외부 표시 주의사항(1)	5. 사용 및 취급상 주의사항 3가지(1)	
6. 옥내저장소 저장 시 바닥면적(1)	7. 위험등급(1)	8. 품명(1)

🗎 1. $(C_6H_5CO)_2O_2$ 2.   3. 100kg   4. 충격주의/화기엄금

5. 직사광선을 피하시오./열·스파크로부터 멀리하시오/취급 후 취급 부위 철저히 씻으시오.
6. $1,000m^2$ 이하   7. II   8. 유기과산화물

117

☆

아세틸퍼옥사이드에 대한 물음에 답하시오.

괄호: (출제횟수)

1. 화학식(1)	2. 지정수량(1)

🗎 1. $(CH_3CO)_2O_2$ 2. 1종 : 10kg, 2종 : 100kg

118

☆☆

질산에스터류에 대한 물음에 답하시오.

괄호: (출제횟수)

1. 물질 3가지(2)	2. 위험등급(1)

🗎 1. 질산메틸/나이트로글리세린/나이트로셀룰로오스   2. 제1종 : I 제2종 : II

119 ☆☆

질산메틸에 대한 물음에 답하시오. 괄호 : (출제횟수)

1. 화학식(1)	2. 증기비중(2)

📋 1. CH_3NO_3 2. $\dfrac{질산메틸분자량}{공기분자량} = \dfrac{77}{29} = 2.66$

120 ☆☆☆☆☆

규조토에 저장하고, 상온에선 액체이고, 겨울에는 동결하는 나이트로글리세린에 대한 물음에 답하시오. 괄호 : (출제횟수)

1. 화학식(2)	2. 열분해반응식(2)	3.지정수량(2)
4.구조식(1)	5. 시성식(1)	6. 품명(1)

📋 1. $C_3H_5(NO_3)_3$ 2. $4C_3H_5(NO_3)_3 \rightarrow 12CO_2 + 6N_2 + O_2 + 10H_2O$ 3. 10kg
4.   5. $C_3H_5(NO_3)_3$ 6. 질산에스터류

```
    H   H   H
    |   |   |
H — C — C — C — H
    |   |   |
    O   O   O
    |   |   |
   NO2 NO2 NO2
```

121 ☆☆

나이트로셀룰로오스에 대한 물음에 답하시오. 괄호 : (출제횟수)

1. 품명(2)	2. 지정수량(1)	3. 제조방법(1)	4. 운반용기 외부 표시 주의사항(1)

📋 1. 질산에스터류 2. 10kg
3. 셀룰로오스를 질산의 질화작용과 황산의 탈수작용으로 나이트로셀룰로오스 만듦
$C_6H_{10}O_5 + 3HNO_3 \xrightarrow[\text{나이트로화}]{C-H_2SO_4} C_6H_7(NO_2)_3O_5 + 3H_2O$ (반응식은 외우지 마요.)
4. 화기엄금/충격주의

122

☆☆

하이드록실아민에 대한 물음에 답하시오.

괄호 : (출제횟수)

1. 지정수량(1)
2. 위험등급(1)
3. 1톤 제조하는 제조소 설치 시 방화 정보 게시한 게시판 바탕색과 글자색, 학교와의 안전거리와 토제 경사면 경사도(1)

📋 − 학교와의 안전거리 $D = 51.1 \cdot (지정수량배수)^{\frac{1}{3}} = 51.1 \cdot (\frac{1,000}{100})^{\frac{1}{3}} = 110.09 m$

　　 − 방화에 관하여 필요한 사항을 게시한 게시판의 바탕은 백색으로, 문자는 흑색으로 할 것
　　 − 토제의 경사면의 경사도는 60도 미만으로 할 것
　　 1. 100kg　　2. II　　3. 바탕색 : 백색　글자색 : 흑색　안전거리 : 110.09m　경사도 : 60도 미만

123

☆

하이드라진유도체에 대한 물음에 답하시오.

괄호 : (출제횟수)

1. 지정수량(1)	2. 위험등급(1)

📋 1. 1종 : 10kg, 2종 : 100kg　　2. 제1종 : I 제2종 : II

124

☆☆☆

나이트로화합물에 대한 물음에 답하시오.

괄호 : (출제횟수)

1. 물질 3가지(1)	2. 유별(3)	3. 지정수량(3)	4. 위험등급(1)

📋 1. 다이나이트로톨루엔/트리나이트로페놀/트리나이트로톨루엔　　2. 제5류　　3. 1종 : 10kg, 2종 : 100kg
　　4. 제1종 : I 제2종 : II

125

☆

다이나이트로톨루엔에 대한 물음에 답하시오.

1. 화학식	2. 지정수량(1종/2종)

📋 1. $C_6H_3CH_3(NO_2)_2$ 2. 1종 : 10kg   2종 : 100kg

126

★☆

착화점 300℃, 비중 1.8, 쓴맛 나고, 금속과 반응 시 금속염 생성하는 물질에 대한 물음에 답하시오.

괄호 : (출제횟수)

1. 물질명(1)	2. 시성식(2)	3. 구조식(6)	4. 품명(1)	5. 지정수량(7)

📋 1. 트리나이트로페놀(피크린산)   2. $C_6H_2OH(NO_2)_3$ 3.

4. 나이트로화합물   5. 10kg

127

★☆☆☆

담황색의 주상결정이고, 분자량 227, 폭약(TNT) 원료이며 햇빛에 다갈색으로 변하는 물질에 대한 물음에 답하시오.

괄호 : (출제횟수)

1. 물질명(1)	2. 화학식(2)	3. 시성식(1)
4. 구조식(2)	5. 지정수량(3)	6. 분해(폭발)반응식(2)
7. 제조 반응식(7)	8. 제조방법(2)	9. 운반용기 외부 표시 주의사항(1)

📋 1. 트리나이트로톨루엔   2. $C_6H_2CH_3(NO_2)_3$ 3. $C_6H_2CH_3(NO_2)_3$ 4.

5. 10kg   6. $2C_6H_2CH_3(NO_2)_3 \rightarrow 12CO + 5H_2 + 3N_2 + 2C$

7. $C_6H_5CH_3 + 3HNO_3 \xrightarrow[\text{나이트로화}]{C-H_2SO_4} C_6H_2CH_3(NO_2)_3 + 3H_2O$

8. 톨루엔을 질산과 황산 혼합물로 나이트로화시켜 제조

9. 충격주의/화기엄금

128

다이나이트로벤젠에 대한 물음에 답하시오.

괄호: (출제횟수)

1. 품명(1)

目 1. 나이트로화합물

129

나이트로메탄에 대한 물음에 답하시오.

괄호: (출제횟수)

1. 품명(1)

目 1. 나이트로화합물

130

나이트로에탄에 대한 물음에 답하시오.

괄호: (출제횟수)

1. 품명(1)

目 1. 나이트로화합물

131

아조화합물에 대한 물음에 답하시오.

괄호: (출제횟수)

1. 지정수량(1)   2. 위험등급(1)   3. 유별(1)

目 1. 1종: 10kg, 2종: 100kg   2. 제1종: I   제2종: II   3. 제5류

132

제6류 위험물에 대한 물음에 답하시오.   괄호: (출제횟수)

> 1. 운반용기 외부표시 주의사항(1)

🔲 1. 가연물접촉주의

133

분자량 100.5이고 비중 1.76인 물질에 대한 물음에 답하시오.   괄호: (출제횟수)

> 1. 물질명(1)   2. 시성식(1)   3.유별(1)
> 4. 수납율(1)   5. 제조소와 병원의 안전거리(1)   6. 연소반응식(1)

🔳 과염소산: 제6류 위험물
학교·병원·극장 그 밖에 다수인을 수용하는 시설에 있어서는 30m 이상(제6류 위험물을 취급하는 제조소를 제외한다)

🔲 1. 과염소산   2. $HClO_4$ 3. 제6류   4. 98% 이하   5. 해당 없음   6. 해당 없음

134

과산화칼륨과 아세트산(= 초산)이 반응하여 생성되는 위험물이고, 소독제로 쓰이고, 분자량 34
인 제6류 위험물에 대한 물음에 답하시오.   괄호: (출제횟수)

> 1. 물질명(1)   2. 시성식(1)   3. 지정수량(1)   4. 위험등급(1)   5. 분해반응식(3)
> 6. 하이드라진과의 폭발반응식(2)
> 7. 이산화망간 촉매에 의한 분해 반응식(2)   8. 위험물 되는 조건(6)
> 9. 운반용기 외부 표시 주의사항(1)   10. 위험물 제조소 주의사항(1)
> 11. 과산화수소 농도를 낮추는 물질(=안정제)(1)   12. 제조소와 학교의 안전거리(1)

🔳 학교·병원·극장 그 밖에 다수인을 수용하는 시설에 있어서는 30m 이상(제6류 위험물을 취급하는 제조소를 제외한다)

🔲 1. 과산화수소   2. H_2O_2 3. 300kg   4. I   5. $2H_2O_2 \rightarrow 2H_2O + O_2$
6. $2H_2O_2 + N_2H_4 \rightarrow 4H_2O + N_2$ 7. $MnO_2 + 2H_2O_2 \rightarrow MnO_2 + 2H_2O + O_2$
8. 농도 36중량% 이상인 것   9. 가연물접촉주의   10. 해당 없음   11. 인산   12. 해당 없음

135

☆☆☆☆☆☆☆☆☆

분자량 63, 갈색증기 발생하고, 갈색병에 보관하는 위험물에 대한 물음에 답하시오. 괄호 : (출제횟수)

1. 물질명(1)	2. 화학식(2)	3. 유별(3)
4. 지정수량(3)	5. 위험등급(1)	6. 분해 반응식(1)
7. 운반용기 외부 표시 주의사항(1)	8. 위험물 되는 조건(4)	9. 수납율(1)
10. 갈색병 보관이유(1)		

🔳 1. 질산   2. HNO_3 3. 제6류   4. 300kg   5. I   6. $4HNO_3 \rightarrow 2H_2O + 4NO_2 + O_2$ 7. 가연물접촉주의
　　8. 비중이 1.49 이상인 것   9. 98% 이하   10. 햇빛으로 분해 시 유독성가스인 이산화질소(NO_2) 생성 방지

136

☆☆☆☆☆☆☆☆☆

1종 분말소화약제에 대한 물음에 답하시오.
괄호 : (출제횟수)

1. 주성분 명칭(1)	2. 주성분 화학식(4)	3. 1차 열분해 반응식(270℃)(4)
4. 2차 열분해 반응식(850℃)(3)	5. 적용가능 화재등급(1)	

🔳 1. 중탄산나트륨(탄산수소나트륨)   2. $NaHCO_3$ 3. $2NaHCO_3 \rightarrow Na_2CO_3 + CO_2 + H_2O$
　　4. $2NaHCO_3 \rightarrow Na_2O + 2CO_2 + H_2O$ 5. B, C급 화재

137

☆☆☆☆☆☆

2종 분말소화약제에 대한 물음에 답하시오.
괄호 : (출제횟수)

1. 주성분 명칭(1)	2. 주성분 화학식(2)	3. 1차 열분해(190℃) 반응식(2)

🔳 1. 중탄산칼륨(탄산수소칼륨)   2. $KHCO_3$ 3. $2KHCO_3 \rightarrow K_2CO_3 + CO_2 + H_2O$

138

☆☆☆☆☆☆☆☆

메타인산(올소인산) 발생해 막 형성하는 방식이며 ABC급 화재에 모두 소화 가능한 3종 분말소화 약제에 대한 물음에 답하시오.

괄호: (출제횟수)

1. 주성분 명칭(1)	2. 주성분 화학식(7)	3. 1차 열분해 반응식과 생성물질(2)

📋 1. 제1인산암모늄   2. $NH_4H_2PO_4$
   3. $NH_4H_2PO_4 \rightarrow NH_3 + H_3PO_4$, 생성물질 : 암모니아($NH_3$), 올소인산($H_3PO_4$)

139

☆

분말소화기 관련 표이다. 빈칸을 채우시오.(화학식도 쓰시오.)

분말 종류	주성분	색상	적용가능 화재등급
제1종			
제2종			
제3종			

📋

분말 종류	주성분	색상	적용가능 화재등급
제1종	중탄산나트륨($NaHCO_3$)	백색	B/C
제2종	중탄산칼륨($KHCO_3$)	담회색	B/C
제3종	제1인산암모늄($NH_4H_2PO_4$)	담홍색	A/B/C

140

☆☆

아세틸렌에 대한 물음에 답하시오.

괄호: (출제횟수)

1. 연소반응식(1)	2. 구리와의 반응식과 위험한 이유(2)	3. 연소범위(1)

📋 1. $2C_2H_2 + 5O_2 \rightarrow 4CO_2 + 2H_2O$
   2. $C_2H_2 + 2Cu \rightarrow Cu_2C_2 + H_2$, Cu_2C_2(구리아세틸리드)가 발생하는데 폭발성이다.
   3. 2.5~100%

141

☆

에틸렌에 대한 물음에 답하시오.

괄호 : (출제횟수)

1. 산화반응식(1)

📋 1. $C_2H_4 + PdCl_2 + H_2O \rightarrow CH_3CHO + Pd + 2HCl$

142

☆☆☆

아이오딘포름에 대한 물음에 답하시오.

괄호 : (출제횟수)

1. 화학식(1)	2. 색상(1)

📋 1. CHI_3 2. 노란색

143

☆

비중이 1보다 큰 것을 보기에서 고르시오.

1. 이황화탄소	2. 피리딘	3. 글리세린	4. 산화프로필렌	5. 클로로벤젠

📋 1. 1.26   2. 0.98   3. 1.26   4. 0.83   5. 1.35

📋 1/3/5

144   ☆☆☆☆☆

빈칸을 채우시오.

1. "금속분"이라 함은 알칼리금속·알칼리토류금속·철 및 마그네슘외의 금속의 분말을 말하고, 구리분, 니켈분 및 (A)㎛의 체를 통과하는 것이 (B)중량% 미만인 것은 제외한다.
2. 황은 순도가 (C)중량% 이상인 것을 말하며, 순도측정을 하는 경우 불순물은 활석 등 불연성물질과 수분으로 한정한다.
3. "철분"이라 함은 철의 분말로서 (D)㎛의 표준체를 통과하는 것이 (E)중량% 미만인 것은 제외한다.
4. "(F)"이라 함은 이황화탄소, 다이에틸에터 그 밖에 1기압에서 발화점이 섭씨 (G)도 이하인 것 또는 인화점이 섭씨 (H)도 이하이고 비점이 섭씨 (I)도 이하인 것을 말한다.
5. "(J)"라 함은 고형알코올 그 밖에 1기압에서 인화점이 섭씨 40도 미만인 고체를 말한다.
6. 벤조일퍼옥사이드는 상온에서 (K)상태이며 가열 시 100℃에서 (L)색 연기를 내며 분해된다.
7. 알칼리금속 과산화물은 (M)과 심하게 (N)반응해 (O)를 발생시키며 발생량이 많을 경우 폭발한다.
8. 마그네슘 및 제2류 제8호의 물품 중 마그네슘을 함유한 것에 있어서는 다음 각목의 1에 해당하는 것은 제외한다.
   가. (P)mm의 체를 통과하지 아니하는 덩어리 상태의 것
   나. 지름 (Q)mm 이상의 막대 모양의 것
9. "(R)"라 함은 아세톤, 휘발유 그 밖에 1기압에서 인화점이 섭씨 (S)도 미만인 것을 말한다
10. "제2석유류"라 함은 등유, 경유 그 밖에 1기압에서 인화점이 섭씨 21도 이상 70도 미만인 것을 말한다. 다만, 도료류 그 밖의 물품에 있어서 가연성 액체량이 (T)% 이하이면서 인화점이 섭씨 40도 이상인 동시에 연소점이 섭씨 (U)도 이상인 것 제외한다.

해 1. "금속분"이라 함은 알칼리금속·알칼리토류금속·철 및 마그네슘외의 금속의 분말을 말하고, 구리분, 니켈분 및 150㎛의 체를 통과하는 것이 50중량% 미만인 것은 제외한다.

2. 황은 순도가 60중량% 이상인 것을 말하며, 순도측정을 하는 경우 불순물은 활석 등 불연성물질과 수분으로 한정한다.

3. "철분"이라 함은 철의 분말로서 53㎛의 표준체를 통과하는 것이 50중량% 미만인 것은 제외한다.

4. "특수인화물"이라 함은 이황화탄소, 다이에틸에터 그 밖에 1기압에서 발화점이 섭씨 100도 이하인 것 또는 인화점이 섭씨 영하 20도 이하이고 비점이 섭씨 40도 이하인 것을 말한다.

5. "인화성 고체"라 함은 고형알코올 그 밖에 1기압에서 인화점이 섭씨 40도 미만인 고체를 말한다.

6. 벤조일퍼옥사이드는 상온에서 고체상태이며 가열 시 100℃에서 백색 연기를 내며 분해된다.

7. 알칼리금속 과산화물은 물과 심하게 발열반응해 산소를 발생시키며 발생량이 많을 경우 폭발한다.

8. 마그네슘 및 제2류제8호의 물품 중 마그네슘을 함유한 것에 있어서는 다음 각목의 1에 해당하는 것은 제외한다.

　가. 2mm의 체를 통과하지 아니하는 덩어리 상태의 것

　나. 지름 2mm 이상의 막대 모양의 것

9. "제1석유류"라 함은 아세톤, 휘발유 그 밖에 1기압에서 인화점이 섭씨 21도 미만인 것을 말한다.

10. "제2석유류"라 함은 등유, 경유 그 밖에 1기압에서 인화점이 섭씨 21도 이상 70도 미만인 것을 말한다. 다만, 도료류 그 밖의 물품에 있어서 가연성 액체량이 40% 이하이면서 인화점이 섭씨 40도 이상인 동시에 연소점이 섭씨 60도 이상인 것은 제외한다.

답 A : 150　　B : 50　　C : 60　　D : 53　　E : 50　　F : 특수인화물　　G : 100
H : 영하 20　　I : 40　　J : 인화성 고체　　K : 고체　　L : 백　　M : 물　　N : 발열
O : 산소　　P : 2　　Q : 2　　R : 제1석유류　　S : 21　　T : 40　　U : 60

145　　☆☆☆☆☆☆☆

옥외, 옥내, 지하 저장탱크에 다음 물질을 저장할 때 저장온도를 쓰시오.

1. 압력탱크에 저장하는 다이에틸에터
2. 압력탱크에 저장하는 아세트알데하이드
3. 압력탱크 외의 탱크에 저장하는 아세트알데하이드
4. 압력탱크 외의 탱크에 저장하는 다이에틸에터
5. 압력탱크 외의 탱크에 저장하는 산화프로필렌

해 - 옥외저장탱크·옥내저장탱크 또는 지하저장탱크 중 압력탱크 외의 탱크에 저장하는 디에틸에터등 또는 아세트알데하이드등의 온도는 산화프로필렌과 이를 함유한 것 또는 디에틸에터등에 있어서는 30℃ 이하로, 아세트알데하이드 또는 이를 함유한 것에 있어서는 15℃ 이하로 각각 유지할 것

- 옥외저장탱크·옥내저장탱크 또는 지하저장탱크 중 압력탱크에 저장하는 아세트알데하이드 등 또는 다이에틸에터등의 온도는 40℃ 이하로 유지할 것

답 1. 40℃ 이하　2. 40℃ 이하　3. 15℃ 이하　4. 30℃ 이하　5. 30℃ 이하

146   ☆☆☆☆☆

다음 물질의 정의를 쓰시오.

1. 고인화점위험물	2. 요오드가

🔖 1. 인화점이 100℃ 이상인 제4류 위험물
  2. 지질 100g에 흡수되는 할로겐양을 요오드 g수로 나타낸 것

147   ☆☆

다음 중 위험물에서 제외되는 물질을 고르시오.

1. 황산	2. 과아이오딘산	3. 질산구아니딘	4. 구리분	5. 금속아조화합물

🔖 1/4

148

☆☆☆

다음 물질의 연소형태를 쓰시오.

> 1. 나트륨, 금속분   2. TNT, 피크린산, 트리나이트로톨루엔   3. 에탄올, 다이에틸에터

해

기 체	확산 연소	가연성 가스가 공기 중의 지연성가스와 접촉하여 접촉면에서 연소가 일어나는 현상
	예혼합 연소	가연성 가스와 지연성 가스가 미리 일정한 농도로 혼합된 상태에서 점화원에 의하여 연소되는 현상
액 체	증발 연소	액체 표면에서 증발하는 가연성 증기가 공기와 혼합하여 연소범위 내에서 열원에 의하여 연소 하는 현상 예 : 에탄올, 다이에틸에터
	분무 연소	액체연료를 미세 유적으로 미립화해 공기와 혼합시켜 연소시키는 것
고 체	분해 연소	고체가 가열돼 열분해 일어나고 가연성 가스가 공기 중 산소와 타는 연소 예 : 목재
	증발 연소	고체 가연물이 가열되어 융해되고 가연성 증기가 발생, 공기와 혼합해 연소하는 형태 예 : 나프탈렌
	표면 연소	고체의 표면이 고온을 유지하면서 연소하는 현상 예 : 나트륨, 금속분, 목탄, 숯, 코크스
	자기 연소	• 연소에 필요한 산소를 포함하고 있는 물질이 연소하는 것 • 공기 중 산소를 필요로 하지 않고 자신이 분해되며 타는 것 예 : TNT, 피크린산, 트리나이트로톨루엔, 나이트로셀룰로오스

답 1. 표면연소   2. 자기연소   3. 증발연소

149 ☆☆☆

옥외탱크저장시설 위험물 취급수량에 따른 보유공지 너비에 관한 표이다. 빈칸을 채우시오.

저장 또는 취급하는 위험물의 최대수량	공지의 너비
지정수량의 500배 이하	(A)m 이상
지정수량의 500배 초과 1,000배 이하	(B)m 이상
지정수량의 1,000배 초과 2,000배 이하	(C)m 이상
지정수량의 2,000배 초과 3,000배 이하	(D)m 이상
지정수량의 3,000배 초과 4,000배 이하	(E)m 이상
지정수량의 (F)배 초과	당해 탱크의 수평단면의 최대지름(가로형인 경우에는 긴 변)과 높이 중 큰 것과 같은 거리 이상. 다만, (G)m 초과의 경우에는 30m 이상으로 할 수 있고, (H)m 미만의 경우에는 15m 이상으로 하여야 한다.

해

저장 또는 취급하는 위험물의 최대수량	공지의 너비
지정수량의 500배 이하	3m 이상
지정수량의 500배 초과 1,000배 이하	5m 이상
지정수량의 1,000배 초과 2,000배 이하	9m 이상
지정수량의 2,000배 초과 3,000배 이하	12m 이상
지정수량의 3,000배 초과 4,000배 이하	15m 이상
지정수량의 4,000배 초과	당해 탱크의 수평단면의 최대지름(가로형인 경우에는 긴 변)과 높이 중 큰 것과 같은 거리 이상. 다만, 30m 초과의 경우에는 30m 이상으로 할 수 있고, 15m 미만의 경우에는 15m 이상으로 하여야 한다.

답 A : 3   B : 5   C : 9   D : 12   E : 15   F : 4,000   G : 30   H : 15

150 ☆

옥외저장소에 다음 물질 저장 시 보유공지를 구하시오.

1. 제1석유류 지정수량 10배 저장 시	2. 제2석유류 지정수량 10배 저장 시
3. 제3석유류 지정수량 30배 저장 시	4. 제4석유류 지정수량 30배 저장 시
5. 제2석유류 지정수량 100배 저장 시	

📖 위험물을 저장 또는 취급하는 장소의 주위에는 경계표시(울타리의 기능이 있는 것에 한한다. 이와 같다)를 하여 명확하게 구분할 것. 경계표시의 주위에는 그 저장 또는 취급하는 위험물의 최대수량에 따라 다음 표에 의한 너비의 공지를 보유할 것. 다만, 제4류 위험물 중 제4석유류와 제6류 위험물을 저장 또는 취급하는 옥외 저장소의 보유공지는 다음 표에 의한 공지의 너비의 3분의 1 이상의 너비로 할 수 있다.

저장 또는 취급하는 위험물의 최대수량	공지의 너비
지정수량의 10배 이하	3m 이상
지정수량의 10배 초과 20배 이하	5m 이상
지정수량의 20배 초과 50배 이하	9m 이상
지정수량의 50배 초과 200배 이하	12m 이상
지정수량의 200배 초과	15m 이상

📋 1. 3m 이상   2. 3m 이상   3. 9m 이상   4. 3m 이상   5. 12m 이상

151 ☆

옥외저장소 경계표시의 주위에는 그 저장 또는 취급하는 위험물의 최대수량에 따라 다음 표에 의한 너비의 공지를 보유해야 한다. 빈칸을 채우시오

저장 또는 취급하는 위험물의 최대수량	공지의 너비
지정수량의 10배 이하	(A)m 이상
지정수량의 10배 초과 20배 이하	(B)m 이상
지정수량의 20배 초과 50배 이하	(C)m 이상
지정수량의 50배 초과 200배 이하	(D)m 이상
지정수량의 200배 초과	(E)m 이상

📖 윗 해설 참조
📋 A : 3   B : 5   C : 9   D : 12   E : 15

152 ☆

옥외저장소에 황 지정수량 150배 저장 시 보유공지는 몇 m 이상인지 쓰시오.

🗐 윗 해설 참조

🗒 12

153 ☆

다음 지정수량 배수에 따른 제조소 보유공지 너비를 쓰시오.

1. 1배	2. 5배	3. 10배	4. 20배	5. 250배

🗐 위험물을 취급하는 건축물 그 밖의 시설(위험물을 이송하기 위한 배관 그 밖에 이와 유사한 시설을 제외한다) 의 주위에는 그 취급하는 위험물의 최대수량에 따라 다음 표에 의한 너비의 공지를 보유하여야 한다.

취급하는 위험물 최대수량	공지의 너비
지정수량 10배 이하	3m 이상
지정수량 10배 초과	5m 이상

🗒 1. 3m 이상   2. 3m 이상   3. 3m 이상   4. 5m 이상   5. 5m 이상

154 ☆

다음 물질과 양에 따른 제조소 보유공지 너비를 쓰시오.

1. 클로로벤젠 15,000L	2. 메탄올 9,000L	3. 아세톤 400L
4. 시안화수소 90,000L	5. 톨루엔 15,000L	

🗐 윗 해설 참조

1. 클로로벤젠 $= \dfrac{15,000}{1,000} = 15$배   2. 메탄올 $= \dfrac{9,000}{400} = 22.5$배   3. 아세톤 $= \dfrac{400}{400} = 1$배

4. 시안화수소 $= \dfrac{90,000}{400} = 225$배   5. 톨루엔 $= \dfrac{15,000}{200} = 75$배

🗒 1. 5m 이상   2. 5m 이상   3. 3m 이상   4. 5m 이상   5. 5m 이상

155

☆

과염소산 4,000kg 취급하는 제조소 공지 너비를 쓰시오.

해 $\dfrac{4,000}{300} ≒ 14$배

윗 해설 참조

답 5m 이상

156

☆☆☆☆☆☆☆☆☆

위험물 저장량이 지정수량 1/10 초과일 때 혼재해서는 안 되는 위험물을 쓰시오.

해 유별을 달리하는 위험물의 혼재기준

위험물의 구분	제1류	제2류	제3류	제4류	제5류	제6류
제1류		×	×	×	×	○
제2류	×		×	○	○	×
제3류	×	×		○	×	×
제4류	×	○	○		○	×
제5류	×	○	×	○		×
제6류	○	×	×	×	×	

1. "×"표시는 혼재할 수 없음을 표시한다.
2. "○"표시는 혼재할 수 있음을 표시한다.
3. 이 표는 지정수량의 1/10 이하의 위험물에 대해서는 적용하지 아니한다.

답 제1류 위험물: 제 2 · 3 · 4 · 5 류 위험물   제2류 위험물: 제 1 · 3 · 6 류 위험물
제3류 위험물: 제 1 · 2 · 5 · 6 류 위험물   제4류 위험물: 제 1 · 6 류 위험물
제5류 위험물: 제 1 · 3 · 6 류 위험물   제6류 위험물: 제 2 · 3 · 4 · 5 류 위험물

157

☆☆☆☆☆☆☆☆☆

각 유별 위험물과 혼재할 수 있는 위험물의 유별을 쓰시오.

해 윗 해설 참조

답 제1류 위험물: 제 6 류 위험물   제2류 위험물: 제 4 · 5 류 위험물   제3류 위험물: 제 4 류 위험물
제4류 위험물: 제 2 · 3 · 5 류 위험물   제5류 위험물: 제 2 · 4 류 위험물   제6류 위험물: 제 1 류 위험물

158

☆☆☆☆☆☆☆☆☆

다음 표에 혼재 가능한 것은 'O'표시, 혼재 불가능한 것은 'X'표시를 하시오.

위험물의 구분	제1류	제2류	제3류	제4류	제5류	제6류
제1류						
제2류						
제3류						
제4류						
제5류						
제6류						

해 윗 해설 참조

답

위험물의 구분	제1류	제2류	제3류	제4류	제5류	제6류
제1류		×	×	×	×	O
제2류	×		×	O	O	×
제3류	×	×		O	×	×
제4류	×	O	O		O	×
제5류	×	O	×	O		×
제6류	O	×	×	×	×	

159

☆

다음 물음에 답하시오.

1. 소화방법 4가지	2. 증발잠열 이용한 소화방법 명칭
3. 불활성 기체 방사하는 소화방법 명칭	4. 가스 밸브 폐쇄해 소화하는 방법 명칭

해

질식소화	• 공기가 가연물질에 공급되는 것을 차단하는 소화방법 • **적용소화방법** : 포소화설비/이산화탄소소화설비 • 예 - 연소하고 있는 가연물이 존재하는 장소를 기계적으로 폐쇄하여 공기 공급을 차단한다. - 칼륨, 마그네슘 소화 시
제거소화	• 가연성 기체의 분출 화재 시 주공급밸브를 닫아서 연료공급을 차단하여 소화하는 방법 • 예 - 가연성 기체의 분출 화재 시 주 밸브를 닫아서 연료 공급을 차단한다. - 금속화재의 경우 불활성 물질로 가연물을 덮어 미연소 부분과 분리한다. - 연료 탱크를 냉각하여 가연성 가스의 발생 속도를 작게 해 연소를 억제한다. - 촛불을 입으로 불어서 끈다.
억제소화	• 부촉매소화라고도 하며 연쇄반응을 약화시켜 연소가 계속되는 것을 불가능하게 하는 소화방법 • **적용소화방법** : 할로겐화합물소화설비 • 예 - 가연성 기체의 연쇄반응을 차단하여 소화한다.
냉각소화	• 연소 시 발생하는 열에너지를 흡수하는 매체를 화염 속에 투입하여 소화하는 방법 • **적용소화방법** : 스프링클러설비 • 예 - 튀김 기름이 인화되었을 때 싱싱한 야채를 넣는다. - 염소산칼륨 소화 시
희석소화	• 수용성 가연물의 화재에 있어 대량 방수를 통해 수용성 가연물질 농도를 낮춰 소화하는 방법 • 예 - 아세트알데히드 소화 시

답 1. 냉각소화/질식소화/제거소화/억제소화   2. 냉각소화   3. 질식소화   4. 제거소화

160

☆☆

빈칸을 채우시오.

사업소의 구분	화학소방자동차	자체소방대원 수
1. 제조소 또는 일반취급소에서 취급하는 제4류 위험물의 최대수량의 합이 지정수량의 ( )천배 이상 12만배 미만인 사업소	( )대	( )인
2. 제조소 또는 일반취급소에서 취급하는 제4류 위험물의 최대수량의 합이 지정수량의 12만배 이상 ( )만배 미만인 사업소	( )대	( )인
3. 제조소 또는 일반취급소에서 취급하는 제4류 위험물의 최대수량의 합이 지정수량의 24만배 이상 ( )만배 미만인 사업소	( )대	( )인
4. 제조소 또는 일반취급소에서 취급하는 제4류 위험물의 최대수량의 합이 지정수량의 ( )만배 이상인 사업소	( )대	( )인
5. 옥외탱크저장소에 저장하는 제4류 위험물의 최대수량이 지정수량의 ( )만배 이상인 사업소	( )대	( )인

해

사업소의 구분	화학소방자동차	자체소방대원 수
1. 제조소 또는 일반취급소에서 취급하는 제4류 위험물의 최대수량의 합이 지정수량의 3천배 이상 12만배 미만인 사업소	1대	5인
2. 제조소 또는 일반취급소에서 취급하는 제4류 위험물의 최대수량의 합이 지정수량의 12만배 이상 24만배 미만인 사업소	2대	10인
3. 제조소 또는 일반취급소에서 취급하는 제4류 위험물의 최대수량의 합이 지정수량의 24만배 이상 48만배 미만인 사업소	3대	15인
4. 제조소 또는 일반취급소에서 취급하는 제4류 위험물의 최대수량의 합이 지정수량의 48만배 이상인 사업소	4대	20인
5. 옥외탱크저장소에 저장하는 제4류 위험물의 최대수량이 지정수량의 50만배 이상인 사업소	2대	10인

답

3	1	5
24	2	10
48	3	15
48	4	20
50	2	10

161

☆☆☆

제조소 또는 일반취급소에서 취급하는 제4류 위험물의 최대수량의 합이 지정수량의 48만배 이상인 사업소에 두는 자체소방대원 수와 화학소방자동차 대수를 쓰시오.(단, 상호응원협정 체결 시 제외)

해 윗 해설 참조

답 자체소방대원 수 : 20인   화학소방자동차 대수 : 4대

162

☆☆☆☆☆

위험물 운반기준이다. 빈칸을 채우시오.

1. 액체위험물은 운반용기 내용적의 (　A　)% 이하의 수납율로 수납하되, (　B　)℃의 온도에서 누설되지 아니하도록 충분한 공간용적을 유지하도록 할 것
2. 고체위험물은 운반용기 내용적의 (　C　)% 이하의 수납율로 수납할 것

해 1. 자연발화성물질중 알킬알루미늄등은 운반용기의 내용적의 90% 이하의 수납율로 수납하되, 50℃의 온도에서 5% 이상의 공간용적을 유지하도록 할 것
2. 액체위험물은 운반용기 내용적의 98% 이하의 수납율로 수납하되, 55도의 온도에서 누설되지 아니하도록 충분한 공간용적을 유지하도록 할 것
3. 고체위험물은 운반용기 내용적의 95% 이하의 수납율로 수납할 것

답 A : 98   B : 55   C : 95

163 ☆

인화성 액체인 특수인화물 저장, 운반 시 다음 재질별 용량을 쓰시오.

| 1. 유리 | 2. 플라스틱 | 3. 금속제 |

해 특수인화물 유별: 제4류, 위험등급: I

액체위험물

운반 용기				수납위험물의 종류								
내장 용기		외장 용기			제3류			제4류			제5류		제6류
용기 종류	최대용적 또는 중량	용기의 종류	최대용적 또는 중량	I	II	III	I	II	III	I	II	I
유리 용기	5L	나무 또는 플라스틱상자 (불활성의 완충재를 채울 것)	75 kg	○	○	○	○	○	○	○	○	○
	10L		125 kg		○	○		○	○		○	
			225 kg						○			
	5L	파이버판상자 (불활성의 완충재를 채울 것)	40 kg	○	○	○	○	○	○	○	○	○
	10L		55 kg						○			
플라 스틱 용기	10L	나무 또는 플라스틱상자 (필요에 따라 불활성의 완충재를 채울 것)	75 kg	○	○	○	○	○	○	○	○	○
			125 kg		○	○		○	○		○	
			225 kg						○			
		파이버판상자 (필요에 따라 불활성의 완충재를 채울 것)	40 kg	○	○	○	○	○	○	○	○	○
			55 kg						○			
금속제 용기	30L	나무 또는 플라스틱상자	125 kg	○	○	○	○	○	○	○	○	○
			225 kg						○			
		파이버판상자	40 kg	○	○	○	○	○	○	○	○	○
			55 kg				○	○				

비고)
1. "○"표시는 수납위험물의 종류별 각 란에 정한 위험물에 대하여 해당 각란에 정한 운반용기가 적응성이
   있음을 표시한다.
2. 내장용기는 외장용기에 수납하여야 하는 용기로서 위험물을 직접 수납하기 위한 것을 말한다.
3. 내장용기의 용기의 종류란이 빈칸인 것은 외장용기에 위험물을 직접 수납하거나 유리용기, 플라스틱용기
   또는 금속제용기를 내장용기로 할 수 있음을 표시한다.

답 1. 5L   2. 10L   3. 30L

164

☆☆☆☆

크실렌 이성질체 3가지 명칭과 구조식을 쓰시오.

🔲답

m - 크실렌	o - 크실렌	p - 크실렌

165 ☆☆

제조소 배출설비에 대한 설명이다. 빈칸을 채우시오.

> 1. 배출능력은 1시간당 배출장소 용적의 (A)배 이상인 것으로 하여야 한다. 다만, 전역방식의 경우에는 바닥면적 1m²당 (B)m³ 이상으로 할 수 있다.
> 2. 배출구는 지상 (C)m 이상으로서 연소의 우려가 없는 장소에 설치하고, (D)가 관통하는 벽부분의 바로 가까이에 화재 시 자동으로 폐쇄되는 (E)를 설치할 것

🔲 가연성의 증기 또는 미분이 체류할 우려가 있는 건축물에는 그 증기 또는 미분을 옥외의 높은 곳으로 배출할 수 있도록 다음 각 호의 기준에 의하여 배출설비를 설치하여야 한다.
   1. 배출능력은 1시간당 배출장소 용적의 20배 이상인 것으로 하여야 한다. 다만, 전역방식의 경우에는 바닥면적 1m²당 18m³ 이상으로 할 수 있다.
   2. 배출구는 지상 2m 이상으로서 연소의 우려가 없는 장소에 설치하고, 배출 덕트가 관통하는 벽부분 바로 가까이에 화재시 자동으로 폐쇄되는 방화댐퍼(화재 시 연기 등을 차단하는 장치)를 설치할 것

📋 A: 20   B: 18   C: 2   D: 배출덕트   E: 방화댐퍼

166

☆

위험물 저장 및 취급에 관한 기준이다. 옳은 것을 고르시오.

> 1. 옥내저장소에서는 용기에 수납하여 저장하는 위험물의 온도가 45℃를 넘지 아니하도록 필요한 조치를 강구하여야 한다.
> 2. 제3류 위험물 중 황린 그 밖에 물속에 저장하는 물품과 금수성물질은 동일한 저장소에서 저장할 수 있다.
> 3. 제조소등에서 허가 및 규정에 의한 신고와 관련되는 품명 외의 위험물 또는 이러한 허가 및 신고와 관련되는 수량 또는 지정수량의 배수를 초과하는 위험물을 저장 또는 취급하지 아니하여야 한다.
> 4. 이동탱크저장소에서 위험물을 이송하기 위한 배관·펌프 및 이에 부속한 설비의 안전을 확인하기 위한 순찰을 행하고, 위험물을 이송하는 중에는 이송하는 위험물의 압력 및 유량을 항상 감시할 것
> 5. 컨테이너식 이동탱크저장소외의 이동탱크저장소에 있어서는 위험물을 저장한 상태로 이동저장탱크를 옮겨 싣지 아니하여야 한다(중요기준).

[해] 1. 옥내저장소에서는 용기에 수납하여 저장하는 위험물의 온도가 55℃를 넘지 아니하도록 필요한 조치를 강구하여야 한다(중요기준).
2. 제3류 위험물 중 황린 그 밖에 물속에 저장하는 물품과 금수성물질은 동일한 저장소에서 저장하지 아니하여야 한다(중요기준).
3. 제조소등에서 규정에 의한 허가 및 규정에 의한 신고와 관련되는 품명 외의 위험물 또는 이러한 허가 및 신고와 관련되는 수량 또는 지정수량의 배수를 초과하는 위험물을 저장 또는 취급하지 아니하여야 한다(중요기준).
4. 이송취급소에서 위험물을 이송하기 위한 배관·펌프 및 이에 부속한 설비의 안전을 확인하기 위한 순찰을 행하고, 위험물을 이송하는 중에는 이송하는 위험물의 압력 및 유량을 항상 감시할 것(중요기준)
5. 컨테이너식 이동탱크저장소외의 이동탱크저장소에 있어서는 위험물을 저장한 상태로 이동저장탱크를 옮겨 싣지 아니하여야 한다(중요기준).

[답] 3/5

167

☆☆☆☆☆☆☆

위험물 저장 및 취급에 관한 기준이다. 빈칸을 채우시오.

1. (A) 위험물은 (B)과의 접촉·혼합이나 분해를 촉진하는 물품과의 접근 또는 과열·충격·마찰 등을 피하는 한편, 알카리금속의 과산화물 및 이를 함유한 것에 있어서는 물과의 접촉을 피하여야 한다.
2. (C) 위험물은 산화제와의 접촉·혼합이나 불티·불꽃·고온체와의 접근 또는 과열을 피하는 한편, (D) 및 이를 함유한 것에 있어서는 물이나 산과의 접촉을 피하고 인화성 고체에 있어서는 함부로 증기를 발생시키지 아니하여야 한다.
3. 제3류 위험물 중 자연발화성물질에 있어서는 불티·불꽃 또는 고온체와의 접근·과열 또는 (E)와의 접촉을 피하고, 금수성물질에 있어서는 (F)과의 접촉을 피하여야 한다.
4. (G) 위험물은 불티·불꽃·고온체와의 접근 또는 과열을 피하고, 함부로 (H)를 발생시키지 아니하여야 한다.
5. (I) 위험물은 불티·불꽃·고온체와의 접근이나 과열·충격 또는 마찰을 피하여야 한다.
6. (J) 위험물은 (K)과의 접촉·혼합이나 (L)를 촉진하는 물품과의 접근 또는 (M)을 피해야 한다.
7. 알킬알루미늄등의 이동탱크저장소에 있어서 이동저장탱크로부터 알킬알루미늄등을 꺼낼 때에는 동시에 (N)kPa 이하의 압력으로 불활성의 기체를 봉입할 것
8. 아세트알데하이드등의 이동탱크저장소에 있어서 이동저장탱크로부터 아세트알데하이드등을 꺼낼 때에는 동시에 (O)kPa 이하의 압력으로 불활성의 기체를 봉입할 것
9. 유별을 달리하는 위험물은 동일한 저장소에 저장하지 아니하여야 한다. 다만, 옥내저장소 또는 옥외저장소에 있어서 다음의 각목의 규정에 의한 위험물을 저장하는 경우로서 위험물을 유별로 정리하여 저장하는 한편, 서로 1m 이상의 간격을 두는 경우에는 그러하지 아니하다(중요기준).
   1. 제1류 위험물(알칼리금속의 과산화물 또는 이를 함유한 것을 제외한다)과 (P) 위험물을 저장하는 경우
   2. 제2류 위험물 중 인화성고체와 (Q) 위험물을 저장하는 경우

해 1. 제1류 위험물은 가연물과의 접촉·혼합이나 분해를 촉진하는 물품과의 접근 또는 과열·충격·마찰 등을 피하는 한편, 알카리금속의 과산화물 및 이를 함유한 것에 있어서는 물과의 접촉을 피하여야 한다.

2. 제2류 위험물은 산화제와의 접촉·혼합이나 불티·불꽃·고온체와의 접근 또는 과열을 피하는 한편, 철분·금속분·마그네슘 및 이를 함유한 것에 있어서는 물이나 산과의 접촉을 피하고 인화성 고체에 있어서는 함부로 증기를 발생시키지 아니하여야 한다.

3. 제3류 위험물 중 자연발화성물질에 있어서는 불티·불꽃 또는 고온체와의 접근·과열 또는 공기와의 접촉을 피하고, 금수성물질에 있어서는 물과의 접촉을 피하여야 한다.

4. 제4류 위험물은 불티·불꽃·고온체와의 접근 또는 과열을 피하고, 함부로 증기를 발생시키지 아니하여야 한다.

5. 제5류 위험물은 불티·불꽃·고온체와의 접근이나 과열·충격 또는 마찰을 피하여야 한다.

6. 제6류 위험물은 가연물과의 접촉·혼합이나 분해를 촉진하는 물품과의 접근 또는 과열을 피하여야 한다.

7. 알킬알루미늄등의 이동탱크저장소에 있어서 이동저장탱크로부터 알킬알루미늄등을 꺼낼 때에는 동시에 200㎪ 이하의 압력으로 불활성의 기체를 봉입할 것

8. 아세트알데하이드등의 이동탱크저장소에 있어서 이동저장탱크로부터 아세트알데하이드등을 꺼낼 때에는 동시에 100㎪ 이하의 압력으로 불활성의 기체를 봉입할 것

- 유별을 달리하는 위험물은 동일한 저장소(내화구조의 격벽으로 완전히 구획된 실이 2 이상 있는 저장소에 있어서는 동일한 실. 이하 제3호에서 같다)에 저장하지 아니하여야 한다. 다만, 옥내저장소 또는 옥외저장소에 있어서 다음의 각목의 규정에 의한 위험물을 저장하는 경우로서 위험물을 유별로 정리하여 저장하는 한편, 서로 1m 이상의 간격을 두는 경우에는 그러하지 아니하다(중요기준).

가. 제1류 위험물(알칼리금속의 과산화물 또는 이를 함유한 것을 제외한다)과 제5류 위험물을 저장하는 경우

나. 제1류 위험물과 제6류 위험물을 저장하는 경우

다. 제1류 위험물과 제3류 위험물 중 자연발화성물질(황린 또는 이를 함유한 것에 한한다)을 저장하는 경우

라. 제2류 위험물 중 인화성고체와 제4류 위험물을 저장하는 경우

마. 제3류 위험물 중 알킬알루미늄등과 제4류 위험물(알킬알루미늄 또는 알킬리튬을 함유한 것에 한한다)을 저장하는 경우

바. 제4류 위험물 중 유기과산화물 또는 이를 함유하는 것과 제5류 위험물 중 유기과산화물 또는 이를 함유한 것을 저장하는 경우

답 A: 제1류   B: 가연물   C: 제2류   D: 철분·금속분·마그네슘   E: 공기   F: 물   G: 제4류   H: 증기   I: 제5류   J: 제6류   K: 가연물   L: 분해   M: 과열   N: 200   O: 100   P: 제5류   Q: 제4류

168

☆

다음 물음에 답하시오.(해당없을시 해당없음으로 쓴다.)

> 보기
>
> • 부틸리튬   • 황린   • 나트륨   • 인화알루미늄
>
> ---
>
> 1. 200㎪ 이하의 압력으로 불활성의 기체를 봉입해야 되는 것
> 2. 옥내저장소 바닥면적 $1,000m^2$ 이하인 것
> 3. 물과 반응시 수소 발생하는 것

해 1. 알킬알루미늄등의 이동탱크저장소에 있어서 이동저장탱크로부터 알킬알루미늄등을 꺼낼 때에는 동시에
   200㎪ 이하의 압력으로 불활성의 기체를 봉입할 것
   알킬알루미늄등: 제3류 위험물 중 알킬알루미늄·알킬리튬 또는 이중 어느 하나 이상을 함유하는 것
   품명 → **부틸리튬**: 알킬리튬   황린: 황린   나트륨: 나트륨   인화알루미늄: 금속인화물
2. $1,000m^2$ 이하: 부틸리튬/황린/나트륨 $2,000m^2$ 이하: 인화알루미늄
3. 부틸리튬: $CH_3(CH_2)_3Li + H_2O \rightarrow LiOH + C_4H_{10}$ 황린: 저장액이 물
   나트륨: $2Na + 2H_2O \rightarrow 2NaOH + H_2$ 인화알루미늄: $AlP + 3H_2O \rightarrow Al(OH)_3 + PH_3$

답 1. 부틸리튬   2. 부틸리튬/황린/나트륨   3. 나트륨

☆☆

위험물 저장 및 취급에 관한 기준이다. 빈칸을 채우시오.

> 1. 위험물을 저장 또는 취급하는 건축물 그 밖의 공작물 또는 설비는 당해 위험물의 성질에 따라 차광 또는 (A)를 실시하여야 한다.
> 2. 위험물은 온도계, 습도계, 압력계 그 밖의 계기를 감시하여 당해 위험물의 성질에 맞는 적정한 온도, 습도 또는 (B)을 유지하도록 저장 또는 취급하여야 한다.
> 3. 위험물을 용기에 수납하여 저장 또는 취급할 때에는 그 용기는 당해 위험물의 성질에 적응하고 파손·(C)·균열 등이 없는 것으로 하여야 한다.
> 4. (D)의 액체·증기 또는 가스가 새거나 체류할 우려가 있는 장소 또는 가연성의 미분이 현저하게 부유할 우려가 있는 장소에서는 전선과 전기기구를 완전히 접속하고 불꽃을 발하는 기계·기구·공구·신발 등을 사용하지 아니하여야 한다.
> 5. 위험물을 (E) 중에 보존하는 경우에는 당해 위험물이 보호액으로부터 노출되지 아니하도록 하여야 한다.

해 1. 위험물을 저장 또는 취급하는 건축물 그 밖의 공작물 또는 설비는 당해 위험물의 성질에 따라 차광 또는 환기를 실시하여야 한다.
 2. 위험물은 온도계, 습도계, 압력계 그 밖의 계기를 감시하여 당해 위험물의 성질에 맞는 적정한 온도, 습도 또는 압력을 유지하도록 저장 또는 취급하여야 한다.
 3. 위험물을 용기에 수납하여 저장 또는 취급할 때에는 그 용기는 당해 위험물의 성질에 적응하고 파손·부식·균열 등이 없는 것으로 하여야 한다.
 4. 가연성의 액체·증기 또는 가스가 새거나 체류할 우려가 있는 장소 또는 가연성의 미분이 현저하게 부유할 우려가 있는 장소에서는 전선과 전기기구를 완전히 접속하고 불꽃을 발하는 기계·기구·공구·신발 등을 사용하지 아니하여야 한다.
 5. 위험물을 보호액 중에 보존하는 경우에는 당해 위험물이 보호액으로부터 노출되지 아니하도록 하여야 한다.

답 A : 환기   B : 압력   C : 부식   D : 가연성   E : 보호액

170   ☆☆

다음 물음에 답하시오.

> 1. 제조소, 취급소, 저장소를 통틀어 무엇이라 하는지 쓰시오.
> 2. 안전관리자 선임할 필요 없는 저장소 종류를 쓰시오.
> 3. 이동저장탱크에 액체위험물을 주입하는 일반취급소를 무엇이라 하는지 쓰시오.
> 4. 옥내저장소, 옥외탱크저장소, 옥내탱크저장소, 지하탱크저장소, 이동탱크저장소, 옥외저장소, 암반
>   탱크저장소 외 저장소 종류를 쓰시오.
> 5. 주유취급소, 일반취급소, 판매취급소 외 취급소 종류를 쓰시오.

해 1. "제조소등"이라 함은 제조소 · 저장소 및 취급소를 말한다.
2. 위험물안전관리자는 제조소등 규정에 따라 허가를 받지 아니하는 제조소등과 이동탱크저장소(차량에 고
   정된 탱크에 위험물을 저장 또는 취급하는 저장소를 말한다)를 제외한다.
3. 이동저장탱크에 액체위험물(알킬알루미늄등, 아세트알데하이드등 및 하이드록실아민을 제외한다. 이하
   이 호에서 같다)을 주입하는 일반취급소(액체위험물을 용기에 옮겨 담는 취급소를 포함하며, 이하 "충전하
   는 일반취급소"라 한다)
4. 저장소 종류: 옥내저장소/옥외탱크저장소/옥내탱크저장소/지하탱크저장소/간이탱크저장소/이동탱크 저
   장소/옥외저장소/암반탱크저장소
5. 취급소 종류: 주유취급소/일반취급소/판매취급소/이송취급소

답 1. 제조소등   2. 이동탱크저장소   3. 충전하는 일반취급소   4. 간이탱크저장소   5. 이송취급소

171 ☆

자동화재탐지설비 경계구역 기준이다. 빈칸을 채우시오.

> 하나의 경계구역의 면적은 (A)m² 이하로 하고 그 한 변의 길이는 (B)m(광전식분리형 감지기를 설치할 경우에는 100m)이하로 할 것. 다만, 당해 건축물 그 밖의 공작물의 주요한 출입구에서 그 내부의 전체를 볼 수 있는 경우에 있어서는 그 면적을 (C)m² 이하로 할 수 있다.

🔲 자동화재탐지설비의 설치기준
   1. 하나의 경계구역의 면적은 600m² 이하로 하고 그 한변의 길이는 50m(광전식분리형 감지기를 설치할 경우에는 100m)이하로 할 것. 다만, 당해 건축물 그 밖의 공작물의 주요한 출입구에서 그 내부의 전체를 볼 수 있는 경우에 있어서는 그 면적을 1,000m² 이하로 할 수 있다.

📋 A : 600   B : 50   C : 1,000

172 ☆☆

제조소에 설치하는 옥내소화전에 대한 물음에 답하시오.

> 1. 수원 양은 소화전 개수에 몇 m^3을 곱하는지 쓰시오.
> 2. 하나의 노즐 방수량은 몇 L/min 이상으로 하는지 쓰시오.
> 3. 하나의 호스접속구까지의 수평거리는 몇 m 이하로 해야 하는지 쓰시오.
> 4. 하나의 노즐 방수압력은 몇 kPa 이상으로 하는지 쓰시오.

🔲 1. 수원의 수량은 옥내소화전이 가장 많이 설치된 층의 옥내소화전 설치개수(설치개수가 5개 이상인 경우는 5개)에 7.8m³를 곱한 양 이상이 되도록 설치할 것
   2. 옥내소화전설비는 각층을 기준으로 하여 당해 층의 모든 옥내소화전(설치개수가 5개 이상인 경우는 5개의 옥내소화전)을 동시에 사용할 경우에 각 노즐끝부분의 방수압력이 350kPa 이상이고 방수량이 1분당 260L 이상의 성능이 되도록 할 것
   3. 옥내소화전은 제조소등의 건축물의 층마다 당해 층의 각 부분에서 하나의 호스접속구까지의 수평거리가 25m 이하가 되도록 설치할 것. 이 경우 옥내소화전은 각층의 출입구 부근에 1개 이상 설치하여야 한다.

📋 1. 7.8   2. 260   3. 25   4. 350

173 ☆☆

옥내소화전 가압송수장치 중 압력수조에 필요한 압력 구하는 공식이다. 빈칸에 맞는 것을 고르시오.

$$P = (\quad) + (\quad) + (\quad) + (\quad)MPa$$

1. 소방용 호스 마찰손실수두압(MPa)
2. 35MPa
3. 배관 마찰손실수두압(MPa)
4. 0.35MPa
5. 낙차 환산수두압(MPa)
6. 낙차(m)
7. 배관 마찰손실수두(m)
8. 소방용 호스 마찰손실수두압(m)

🔲 옥내소화전설비 가압송수장치의 압력수조 압력은 다음 식에 의해 구한 수치 이상으로 할 것

$P = p1 + p2 + p3 + 0.35MPa$

P : 필요한 압력 (단위 MPa)

p1: 소방용 호스의 마찰손실수두압(단위 MPa)

p2: 배관의 마찰손실수두압(단위 MPa)

p3: 낙차의 환산수두압(단위 MPa)

📋 1/3/4/5

174

옥외소화전 개폐밸브 및 호스접속구는 지반면으로부터 몇m 이하 높이에 설치해야 하는지 쓰시오.

🎴 옥외소화전의 개폐밸브 및 호스접속구는 지반면으로부터 1.5m 이하의 높이에 설치할 것

📋 1.5

175 ☆☆

소화설비 적응성 있는 위험물에 '○'표시를 하시오.

소화설비의 구분		건축물·그밖의공작물	전기설비	제1류 위험물 알칼리금속과산화물등	제1류 위험물 그밖의것	제2류 위험물 철분·금속분·마그네슘등	제2류 위험물 인화성고체	제2류 위험물 그밖의것	제3류 위험물 금수성물품	제3류 위험물 그밖의것	제4류위험물	제5류위험물	제6류위험물
옥내소화전 또는 옥외소화전설비													
스프링클러설비													
물분무등소화설비	물분무소화설비												
	포소화설비												
	불활성가스소화설비												
	할로겐화합물소화설비												

🔲 소화설비의 적응성(제4류 위험물: 인화성 액체, 제5류 위험물: 자기반응성 물질)

소화설비의 구분			건축물·그밖의공작물	전기설비	제1류 위험물 알칼리금속과산화물등	제1류 위험물 그밖의것	제2류 위험물 철분·금속분·마그네슘등	제2류 위험물 인화성고체	제2류 위험물 그밖의것	제3류 위험물 금수성물품	제3류 위험물 그밖의것	제4류위험물	제5류위험물	제6류위험물
옥내소화전 또는 옥외소화전설비			○			○		○	○		○		○	○
스프링클러설비			○			○		○	○		○	△	○	○
물분무등소화설비		물분무소화설비	○	○		○		○	○		○	○	○	○
		포소화설비	○			○		○	○		○	○	○	○
		불활성가스소화설비		○				○				○		
		할로겐화합물소화설비		○				○				○		
	분말소화설비	인산염류등	○	○		○		○	○			○		○
		탄산수소염류등		○	○		○	○		○		○		
		그 밖의 것			○		○			○				

구분	소화기	세부												
대형·소형수동식소화기	봉상수(棒狀水)소화기		○			○		○	○		○		○	○
	무상수(霧狀水)소화기		○	○		○		○	○		○		○	○
	봉상강화액소화기		○			○		○	○		○		○	○
	무상강화액소화기		○	○		○		○	○		○	○	○	○
	포소화기		○			○		○	○		○	○	○	○
	이산화탄소소화기			○				○				○		△
	할로겐화합물소화기			○				○				○		
	분말소화기	인산염류소화기	○	○		○		○	○			○		○
		탄산수소염류소화기		○	○		○	○		○		○		
		그 밖의 것			○		○			○				
기타	물통 또는 수조		○					○	○		○		○	○
	건조사				○	○	○	○	○	○	○	○	○	○
	팽창질석 또는 팽창진주암				○	○	○	○	○	○	○	○	○	○

비고

1. "○"표시는 당해 소방대상물 및 위험물에 대하여 소화설비가 적응성이 있음을 표시하고, "△"표시는 제4류 위험물을 저장 또는 취급하는 장소의 살수기준면적에 따라 스프링클러설비의 살수밀도가 다음 표에 정하는 기준 이상인 경우에는 당해 스프링클러설비가 제4류 위험물에 대하여 적응성이 있음을, 제6류 위험물을 저장 또는 취급하는 장소로서 폭발의 위험이 없는 장소에 한하여 이산화탄소소화기가 제6류 위험물에 대하여 적응성이 있음을 각각 표시한다.

답

소화설비의 구분		대상물 구분											
		건축물·그밖의 공작물	전기설비	제1류 위험물		제2류 위험물			제3류 위험물		제4류 위험물	제5류 위험물	제6류 위험물
				알칼리금속과산화물등	그밖의 것	철분·금속분·마그네슘등	인화성고체	그밖의 것	금수성물품	그밖의 것			
옥내소화전 또는 옥외소화전설비		○			○		○	○		○		○	○
스프링클러설비		○			○		○	○		○	△	○	
물분무등소화설비	물분무소화설비	○	○		○		○	○		○	○	○	○
	포소화설비	○			○		○	○		○	○	○	○
	불활성가스소화설비		○				○				○		
	할로겐화합물소화설비		○				○				○		

176 ☆

다음 물질 중 불활성가스 소화설비에 적응성 있는 것을 고르시오.

| 1. 1류 위험물 중 알칼리금속과산화물 | 2. 2류 위험물 중 인화성고체 | 3. 3류 위험물 |
| 4. 4류 위험물 | 5. 5류 위험물 | 6. 6류 위험물 |

해 윗 해설 참조

답 2/4

177 ☆

제3류 위험물 중 금수성물질 제외한 대상에 대해 적응성 있는 소화설비를 고르시오.

| 1. 이산화탄소소화설비 | 2. 할로겐화합물소화설비 | 3. 옥외소화전설비 |
| 4. 옥내소화전설비 | 5. 스프링클러설비 | 6. 물분무소화설비 |

해 윗 해설 참조

답 3/4/5/6

178 ☆

소화방법으로 옳은 것을 모두 고르시오.

A. 1류 위험물에서 알칼리금속과산화물을 제외하고 그 밖의 것은 주수소화가 가능하다.
B. 건조사는 모든 유별 위험물에 소화 적응성이 있다.
C. 제6류 위험물이 저장된 곳에 폭발할 우려가 없는 경우 이산화탄소 소화기에 적응성이 있다.
D. 에탄올은 물보다 비중이 높아서 주수소화시 화재가 확대된다.

해 D. 에탄올은 물에 잘 녹는 알코올류라서 주수소화 가능하다.

답 A/B/C

179

☆☆☆☆☆☆☆

제시된 소화설비에 대해 적응성이 있는 위험물을 고르시오.

> 보기
>
> • 포소화설비 • 옥외소화전설비 • 불활성가스소화설비 • 이산화탄소소화설비

1. 제1류 위험물 중 무기과산화물(알칼리금속 과산화물 제외)
2. 제2류 위험물 중 인화성 고체
3. 제3류 위험물(금수성물질 제외)
4. 제4류 위험물
5. 제5류 위험물
6. 제6류 위험물

🔲 윗 해설 참조

🔲 포소화설비 : 1/2/3/4/5/6   옥외소화전설비 : 1/2/3/5/6   불활성가스소화설비 : 2/4
이산화탄소소화설비 : 2/4

180

☆☆

소화난이도등급Ⅲ의 제조소등에 설치하여야 하는 소화설비기준이다. 빈칸을 채우시오.

> 알킬알루미늄 등을 저장 또는 취급하는 이동탱크저장소에 있어서는 자동차용소화기를 설치하는 외
> 에 마른모래나 (A) 또는 (B)을 추가로 설치하여야 한다.

🔲 알킬알루미늄등을 저장 또는 취급하는 이동탱크저장소에 있어서는 자동차용소화기를 설치하는 외에 마른모
래나 팽창질석 또는 팽창진주암을 추가로 설치하여야 한다.

🔲 A : 팽창질석   B : 팽창진주암

181 ☆☆

이산화탄소 소화설비에 대한 물음에 답하시오.

1. 분사헤드의 방출압력이 (A)(저압식은 (B)) 이상의 것으로 할 것
2. 저압식 저장용기에는 용기 내부의 온도가 섭씨 영하 (C) 이하에서 (D)의 압력을 유지할 수 있는 자동냉동장치를 설치할 것
3. 저압식 저장용기에는 액면계 및 압력계와 (E) 이상 (F) 이하의 압력에서 작동하는 압력경보장치를 설치할 것

해 1. 분사헤드의 방출압력이 2.1MPa(저압식은 1.05MPa) 이상의 것으로 할 것
2. 저압식 저장용기에는 용기 내부의 온도가 섭씨 영하 18℃ 이하에서 2.1MPa의 압력을 유지할 수 있는 자동냉동장치를 설치할 것
3. 저압식 저장용기에는 액면계 및 압력계와 2.3MPa 이상 1.9MPa 이하의 압력에서 작동하는 압력경보장치를 설치할 것

답 A: 2.1MPa B: 1.05MPa C: 18℃ D: 2.1MPa E: 2.3MPa F: 1.9MPa

182 ☆☆☆

다음 물질의 화학식을 쓰시오.

1. 할론1301   2. 할론2402   3. 할론1211

해

$C_aF_bCl_cBr_d \rightarrow$ 할론 abcd	
할론소화약제 종별	**화학식**
할론 1301	CF_3Br
할론 1211	CF_2ClBr
할론 2402	$C_2F_4Br_2$

답 1. CF_3Br 2. $C_2F_4Br_2$ 3. CF_2ClBr

183 ☆

할론소화기의 방출압력을 쓰시오.

소화기	할론 2402	할론 1211
방사압력	(A)	(B)

해 분사헤드의 할론2402 방출압력은 0.1메가파스칼(할론1211을 방출하는 것은 0.2메가파스칼, 할론1301을 방출하는 것은 0.9메가파스칼) 이상으로 할 것

답 A : 0.1MPa 이상   B : 0.2MPa 이상

184 ☆

다음 소화약제의 화학식을 쓰시오.

1. HFC-23	2. HFC-125	3. FK-5-1-12	4. FC-3-1-10

해 할로겐화합물 및 불활성기체 소화약제

소화약제 종류	화학식
퍼플루오로부탄(FC-3-1-10)	C_4F_{10}
하이드로클로로플루오로카본혼화제(HCFC BLEND A)	$C_{10}H_{16} : 3.75\%$ HCFC-123($CHCl_2CF_3$) : 4.75% HCFC-124($CHClCF_3$) : 9.5% HCFC-22($CHClF_2$) : 82%
클로로테트라플루오르에탄(HCFC-124)	$CHClCF_3$
펜타플루오로에탄(HFC-125)	CHF_2CF_3
헵타플루오로프로판(HFC-227ea)	CF_3CHFCF_3
트리플루오로메탄(HFC-23)	CHF_3
헥사플루오로프로판(HFC-236fa)	$CF_3CH_2CF_3$
트리플루오로이오다이드(FIC-13I1)	CF_3I
불연성,불활성기체혼합가스(IG-01)	Ar
불연성,불활성기체혼합가스(IG-100)	N_2
불연성,불활성기체혼합가스(IG-541)	N_2: 52% Ar: 40% CO_2: 8%
불연성,불활성기체혼합가스(IG-55)	N_2: 50% Ar: 50%
도데카플루오로-2-메틸펜탄-3-원(FK-5-1-12)	$CF_3CF_2C(O)CF(CF_3)_2$

답 1. CHF_3 2. CHF_2CF_3 3. $CF_3CF_2C(O)CF(CF_3)_2$ 4. C_4F_{10}

185 ☆

빈칸을 채우시오.

소화기	구성물질 1		구성물질 2		구성물질 3	
	물질명	비중	물질명	비중	물질명	비중
IG-55	(A)	50%	(B)	50%	-	-
IG-541	(C)	52%	(D)	40%	(E)	8%

해 윗 해설 참조

답 A: 질소   B: 아르곤   C: 질소   D: 아르곤   E: 이산화탄소

186 ☆

빈칸을 채우시오.

소화기	구성물질 1		구성물질 2		구성물질 3	
	물질명	비중	물질명	비중	물질명	비중
IG-55	질소	(A)	아르곤	(B)	-	-
IG-541	질소	(C)	아르곤	(D)	이산화탄소	(E)

해 윗 해설 참조

답 A: 50%   B: 50%   C: 52%   D: 40%   E: 8%

187 ☆

불활성가스 소화설비 중 다음 소화약제 성분과 구성 비율을 쓰시오.

1. IG-55	2. IG-541	3. IG-100

해 윗 해설 참조

답 1. 질소 50%, 아르곤 50%   2. 질소 52%, 아르곤 40%, 이산화탄소 8%   3. 질소 100%

188

☆☆

소화설비 능력단위에 관한 표이다. 빈칸을 채우시오.

소화설비	용량	능력단위
소화전용 물통	(A)	0.3
수조(소화전용물통 3개 포함)	80L	(B)
수조(소화전용물통 6개 포함)	190L	(C)
마른 모래(삽 1개 포함)	(D)	0.5
팽창질석 또는 팽창진주암(삽 1개 포함)	(E)	1.0

🔲 기타 소화설비의 능력단위는 다음의 표에 의할 것

소화설비	용량	능력단위
소화전용(轉用) 물통	8L	0.3
수조(소화전용물통 3개 포함)	80L	1.5
수조(소화전용물통 6개 포함)	190L	2.5
마른 모래(삽 1개 포함)	50L	0.5
팽창질석 또는 팽창진주암(삽 1개 포함)	160L	1.0

🔲 A : 8L   B : 1.5   C : 2.5   D : 50L   E : 160L

189

☆☆

다음 시설별 안전거리를 쓰시오.

1. 주거용 주택   2. 병원, 학교   3. 문화재   4. 도시가스 저장시설
5. 사용전압이 7,000V 초과 35,000V 이하의 특고압 가공전선

🔲 제조소(제6류 위험물을 취급하는 제조소를 제외한다)는 다음 각목의 규정에 의한 건축물의 외벽 또는 이에 상당하는 공작물의 외측으로부터 당해 제조소의 외벽 또는 이에 상당하는 공작물의 외측까지의 사이에 다음 각목의 규정에 의한 수평거리(이하 "안전거리"라 한다)를 두어야 한다.

가. 나목 내지 라목의 규정에 의한 것 외의 건축물 그 밖의 공작물로서 주거용으로 사용되는 것(제조소가 설치된 부지내에 있는 것을 제외한다)에 있어서는 10m 이상

나. 학교·병원·극장 그 밖에 다수인을 수용하는 시설에 있어서는 30m 이상

다. 「문화재보호법」 규정에 의한 유형문화재와 기념물 중 지정문화재에 있어서는 50m 이상

라. 고압가스, 액화석유가스 또는 도시가스를 저장 또는 취급하는 시설로서 다음의 1에 해당하는 것에 있어서는 20m 이상. 다만, 당해 시설의 배관 중 제조소가 설치된 부지 내에 있는 것은 제외한다.

마. 사용전압이 7,000V 초과 35,000V 이하의 특고압 가공전선에 있어서는 3m 이상

바. 사용전압이 35,000V를 초과하는 특고압 가공전선에 있어서는 5m 이상

🔲 1. 10m 이상   2. 30m 이상   3. 50m 이상   4. 20m 이상   5. 3m 이상

190
☆☆☆☆

제조소 특례기준이다. 빈칸을 채우시오.

---

1. (A)등을 취급하는 제조소의 특례는 다음 각목과 같다.

   가. 아세트알데하이드등을 취급하는 설비는 (B) 또는 이들을 성분으로 하는 합금으로 만들지 아니할 것

   나. 아세트알데하이드등을 취급하는 설비에는 연소성 혼합기체의 생성에 의한 폭발을 방지하기 위한 불활성기체 또는 수증기를 봉입하는 장치를 갖출 것

   다. 아세트알데하이드등을 취급하는 탱크(옥외에 있는 탱크 또는 옥내에 있는 탱크로서 그 용량이 지정수량의 5분의 1 미만의 것을 제외한다)에는 (C) 또는 저온을 유지하기 위한 장치(이하 "(D)"라 한다) 및 연소성 혼합기체의 생성에 의한 폭발을 방지하기 위한 불활성기체를 봉입하는 장치를 갖출 것. 다만, 지하에 있는 탱크가 아세트알데히드등의 온도를 저온으로 유지 할 수 있는 구조인 경우에는 냉각장치 및 보냉장치를 갖추지 아니할 수 있다.

2. (E)등을 취급하는 제조소의 특례는 다음 각목과 같다.

   다. 하이드록실아민등을 취급하는 설비에는 하이드록실아민등의 온도 및 농도의 상승에 의한 위험한 반응을 방지하기 위한 조치를 강구할 것

   라. 하이드록실아민등을 취급하는 설비에는 철이온 등의 혼입에 의한 위험한 반응을 방지하기 위한 조치를 강구할 것

3. (F)등을 취급하는 제조소의 특례는 다음 각목과 같다.

   가. 알킬알루미늄등을 취급하는 설비의 주위에는 누설범위를 국한하기 위한 설비와 누설된 알킬알루미늄등을 안전한 장소에 설치된 저장실에 유입시킬수 있는 설비를 갖출 것

   나. 알킬알루미늄등을 취급하는 설비에는 불활성기체를 봉입하는 장치를 갖출 것

해 1. 아세트알데하이드등을 취급하는 제조소의 특례는 다음 각목과 같다.
　가. 아세트알데하이드등을 취급하는 설비는 은·수은·동·마그네슘 또는 이들을 성분으로 하는 합금으로 만들지 아니할 것
　나. 아세트알데하이드등을 취급하는 설비에는 연소성 혼합기체의 생성에 의한 폭발을 방지하기 위한 불활성기체 또는 수증기를 봉입하는 장치를 갖출 것
　다. 아세트알데하이드등을 취급하는 탱크(옥외에 있는 탱크 또는 옥내에 있는 탱크로서 그 용량이 지정수량의 5분의 1 미만의 것을 제외한다)에는 냉각장치 또는 저온을 유지하기 위한 장치(이하 "보냉장치"라 한다) 및 연소성 혼합기체의 생성에 의한 폭발을 방지하기 위한 불활성기체를 봉입하는 장치를 갖출 것. 다만, 지하에 있는 탱크가 아세트알데하이드등의 온도를 저온으로 유지 할 수 있는 구조인 경우에는 냉각장치 및 보냉장치를 갖추지 아니할 수 있다.
2. 하이드록실아민등을 취급하는 제조소의 특례는 다음 각목과 같다.
　다. 하이드록실아민등을 취급하는 설비에는 하이드록실아민등의 온도 및 농도의 상승에 의한 위험한 반응을 방지하기 위한 조치를 강구할 것
　라. 하이드록실아민등을 취급하는 설비에는 철이온 등의 혼입에 의한 위험한 반응을 방지하기 위한 조치를 강구할 것
3. 알킬알루미늄등을 취급하는 제조소의 특례는 다음 각목과 같다.
　가. 알킬알루미늄등을 취급하는 설비의 주위에는 누설범위를 국한하기 위한 설비와 누설된 알킬알루미늄등을 안전한 장소에 설치된 저장실에 유입시킬 수 있는 설비를 갖출 것
　나. 알킬알루미늄등을 취급하는 설비에는 불활성기체를 봉입하는 장치를 갖출 것
답 A : 아세트알데하이드　 B : 은·수은·동·마그네슘　 C : 냉각장치　 D : 보냉장치　 E : 하이드록실아민
　F : 알킬알루미늄

191

제조소 옥외설비 바닥 설치기준이다. 빈칸을 채우시오.

> 위험물 취급하는 설비에 있어서는 당해 위험물이 직접 배수구에 흘러들어 가지 아니하도록 집유설비에 (A)를 설치하여야 한다.

해 위험물(온도 20℃의 물 100g에 용해되는 양이 1g 미만인 것에 한한다)을 취급하는 설비에 있어서는 당해 위험물이 직접 배수구에 흘러들어가지 아니하도록 집유설비에 유분리장치를 설치하여야 한다.
답 A : 유분리장치

192

제조소에서 공지를 보유하지 않을 수 있는 기준이다. 빈칸을 채우시오.

> 1. 방화벽은 내화구조로 할 것, 다만 취급하는 위험물이 제(A)류 위험물인 경우에는 불연재료로 할 수 있다.
> 2. 방화벽에 설치하는 출입구 및 창 등의 개구부는 가능한 한 최소로 하고, 출입구 및 창에는 자동폐쇄식의 (B)을 설치할 것
> 3. 방화벽의 양단 및 상단이 외벽 또는 지붕으로부터 (C)cm 이상 돌출하도록 할 것

해 제조소의 작업공정이 다른 작업장의 작업공정과 연속되어 있어, 제조소의 건축물 그 밖의 공작물의 주위에 공지를 두게 되면 그 제조소의 작업에 현저한 지장이 생길 우려가 있는 경우 당해 제조소와 다른 작업장 사이에 다음 각목의 기준에 따라 방화상 유효한 격벽(隔壁)을 설치한 때에는 당해 제조소와 다른 작업장 사이에 제1호의 규정에 의한 공지를 보유하지 아니할 수 있다.
가. 방화벽은 내화구조로 할 것, 다만 취급하는 위험물이 제6류 위험물인 경우에는 불연재료로 할 수 있다.
나. 방화벽에 설치하는 출입구 및 창 등의 개구부는 가능한 한 최소로 하고, 출입구 및 창에는 자동폐쇄식의 60분 + 방화문 또는 60분방화문을 설치할 것
다. 방화벽의 양단 및 상단이 외벽 또는 지붕으로부터 50cm 이상 돌출하도록 할 것

답 A : 6 B : 60분+방화문 또는 60분방화문 C : 50

193

☆

옥내저장소의 동일장소에 저장할 수 있는 것끼리 연결한 것을 고르시오.(1m 이상 간격 둠)

1. 인화성고체-제1석유류	2. 황-제4류 위험물	3. 무기과산화물-유기과산화물
4. 황린-제1류 위험물	5. 질산염류-과염소산	

해 1. 인화성고체(제2류) – 제1석유류(제4류)　　　2. 황(제2류) – 제4류
　3. 무기과산화물(제1류) – 유기과산화물(제5류)　　4. 황린(제3류) – 제1류
　5. 질산염류(제1류) – 과염소산(제6류)

유별을 달리하는 위험물은 동일한 저장소(내화구조의 격벽으로 완전히 구획된 실이 2 이상 있는 저장소에 있어서는 동일한 실. 이하 제3호에서 같다)에 저장하지 아니하여야 한다.

다만, 옥내저장소 또는 옥외저장소에 있어서 다음의 각목의 규정에 의한 위험물을 저장하는 경우로서 위험물을 유별로 정리하여 저장하는 한편, 서로 1m 이상의 간격을 두는 경우에는 그러하지 아니하다(중요기준).

가. 제1류 위험물(알칼리금속의 과산화물 또는 이를 함유한 것을 제외한다)과 제5류 위험물을 저장하는 경우

나. 제1류 위험물과 제6류 위험물을 저장하는 경우

다. 제1류 위험물과 제3류 위험물 중 자연발화성물질(황린 또는 이를 함유한 것에 한한다)을 저장하는 경우

라. 제2류 위험물 중 인화성고체와 제4류 위험물을 저장하는 경우

마. 제3류 위험물 중 알킬알루미늄등과 제4류 위험물(알킬알루미늄 또는 알킬리튬을 함유한 것에 한한다)을 저장하는 경우

바. 제4류 위험물 중 유기과산화물 또는 이를 함유하는 것과 제5류 위험물 중 유기과산화물 또는 이를 함유한 것을 저장하는 경우

답 1/4/5

194 ☆

옥내저장소의 동일장소에 다음 물질과 함께 저장할 수 있는 것을 보기에서 고르시오.(1m 이상 간격을 두고 있다.)

보기

• 아세톤   • 질산   • 아세트산   • 과염소산   • 염소산칼륨   • 과염소산칼륨   • 과산화나트륨

1. CH_3NO_3 2. P_4 3. 인화성 고체

해 CH_3NO_3(질산메틸,제5류) – 제1류(염소산칼륨/과염소산칼륨)

P_4(황린,제3류) – 제1류(염소산칼륨/과염소산칼륨/과산화나트륨)

인화성 고체(제2류) – 제4류(아세톤/아세트산)

윗 해설 참조

답 1. 염소산칼륨/과염소산칼륨   2. 염소산칼륨/과염소산칼륨/과산화나트륨   3. 아세톤/아세트산

195 ☆☆☆☆☆

옥내저장소 기준이다. 물음에 답하시오.

---
1. 연면적 $150m^2$, 외벽이 내화구조인 옥내저장소 소요단위
2. 에틸알코올 800L, 클로로벤젠 2,000L, 동식물유류 20,000L, 특수인화물 500L, 디에틸에테르 2,000L의 총 소요단위

해 1. 건축물 그 밖의 공작물 또는 위험물의 소요단위의 계산방법은 다음의 기준에 의할 것

　– 제조소 또는 취급소의 건축물은 외벽이 내화구조인 것은 연면적(제조소등의 용도로 사용되는 부분 외의 부분이 있는 건축물에 설치된 제조소등에 있어서는 당해 건축물중 제조소등에 사용되는 부분의 바닥면적의 합계를 말한다. 이하 같다) 100m²를 1소요단위로 하며, 외벽이 내화구조가 아닌 것은 연면적 50m²를 1소요단위로 할 것

　– 저장소의 건축물은 외벽이 내화구조인 것은 연면적 150m²를 1소요단위로 하고, 외벽이 내화구조가 아닌 것은 연면적 75m²를 1소요단위로 할 것

2. 에틸알코올: $\frac{800}{400} = 2$, 클로로벤젠: $\frac{2,000}{1,000} = 2$, 동식물유류: $\frac{20,000}{10,000} = 2$, 특수인화물: $\frac{500}{50} = 10$,

　다이에틸에터: $\frac{2,000}{50} = 40$

　→ 2 + 2 + 2 + 10 + 40 = 56 → **위험물은 지정수량의 10배를 1소요단위로 할 것** → $\frac{56}{10} = 5.6$

답 1. 1   2. 5.6

196 ☆☆

외벽이 내화구조인 위험물 제조소 건축물 면적이 $500m^2$일 때 소요단위를 구하시오.

해 $\dfrac{500}{100} = 5$

윗 해설 참조

답 소요단위 : 5

197 ☆

다음 장소의 연면적이 $600m^2$일 때 소요단위를 구하시오.

1. 외벽 내화구조인 제조소 건축물	2. 외벽 내화구조 아닌 제조소 건축물
3. 외벽 내화구조인 저장소 건축물	4. 외벽 내화구조 아닌 저장소 건축물

해 1. $\dfrac{600}{100} = 6$ 2. $\dfrac{600}{50} = 12$ 3. $\dfrac{600}{150} = 4$ 4. $\dfrac{600}{75} = 8$

윗 해설 참조

답 1. 6   2. 12   3. 4   4. 8

198

☆☆☆☆☆☆

옥내저장소에 용기를 저장하는 기준이다. 빈칸을 채우시오.

> 옥내저장소에서 동일 품명의 위험물이더라도 자연발화할 우려가 있는 위험물 또는 재해가 현저하게 증대할 우려가 있는 위험물을 다량 저장하는 경우에는 지정수량의 (A   ) 이하마다 구분하여 상호 간 (B   ) 이상의 간격을 두어 저장하여야 한다. 다만, 제48조의 규정에 의한 위험물 또는 기계에 의하여 하역하는 구조로 된 용기에 수납한 위험물에 있어서는 그러하지 아니하다(중요기준).
> 1. 옥내저장소에서 위험물을 저장하는 경우에는 다음 각목의 규정에 의한 높이를 초과하여 용기를 겹쳐 쌓지 아니하여야 한다.
>   가. 기계에 의하여 하역하는 구조로 된 용기만을 겹쳐 쌓는 경우에 있어서는 (C   )
>   나. 제4류 위험물 중 제3석유류, 제4석유류 및 동식물유류를 수납하는 용기만을 겹쳐 쌓는 경우에 있어서는 (D   )
>   다. 그 밖의 경우에 있어서는 (E   )
> 2. 옥내저장소에서는 용기에 수납하여 저장하는 위험물의 온도가 (F   )를 넘지 아니하도록 필요한 조치를 강구하여야 한다(중요기준).

🔲 옥내저장소에서 동일 품명의 위험물이더라도 자연발화할 우려가 있는 위험물 또는 재해가 현저하게 증대할 우려가 있는 위험물을 다량 저장하는 경우에는 지정수량의 10배 이하마다 구분하여 상호간 0.3m 이상의 간격을 두어 저장하여야 한다. 다만, 제48조의 규정에 의한 위험물 또는 기계에 의하여 하역하는 구조로 된 용기에 수납한 위험물에 있어서는 그러하지 아니하다(중요기준).
1. 옥내저장소에서 위험물을 저장하는 경우에는 다음 각목의 규정에 의한 높이를 초과하여 용기를 겹쳐 쌓지 아니하여야 한다.
   가. 기계에 의하여 하역하는 구조로 된 용기만을 겹쳐 쌓는 경우에 있어서는 6m
   나. 제4류 위험물 중 제3석유류, 제4석유류 및 동식물유류를 수납하는 용기만을 겹쳐 쌓는 경우에 있어서는 4m
   다. 그 밖의 경우에 있어서는 3m
2. 옥내저장소에서는 용기에 수납하여 저장하는 위험물의 온도가 55℃를 넘지 아니하도록 필요한 조치를 강구하여야 한다(중요기준).

📋 A: 10배   B: 0.3m   C: 6m   D: 4m   E: 3m   F: 55℃

199

☆

옥내저장소에 용기를 저장하는 기준이다. 빈칸을 채우시오.

> 1. 옥내저장소에서 위험물을 저장하는 경우에는 다음 각목의 규정에 의한 높이를 초과하여 용기를
>   겹쳐 쌓지 아니하여야 한다.
>   1. 기계에 의하여 하역하는 구조로 된 용기만을 겹쳐 쌓는 경우에 있어서는 (A)
>   2. 제4류 위험물 중 제3석유류, 제4석유류 및 동식물유류를 수납하는 용기만을 겹쳐 쌓는 경우에
>   있어서는 (B)
>   3. 제4류 위험물 중 동식물유류를 수납하는 용기만을 겹쳐 쌓는 경우에 있어서는 (C)
>   4. 그 밖의 경우에 있어서는 3m

🅗 윗 해설 참조

🅐 A : 6m   B : 4m   C : 4m

200

☆

소화난이도등급 Ⅰ에 해당하는 제조소, 일반취급소에 대한 내용이다. 빈칸을 채우시오.

> 1. 연면적 (A)m² 이상인 것
> 2. 지정수량의 (B)배 이상인 것
> 3. 지반면으로부터 (C)m 이상의 높이에 위험물 취급설비가 있는 것

🅗

제조소 일반취급소	연면적 1,000m² 이상인 것
	지정수량의 100배 이상인 것(고인화점위험물만을 100℃ 미만의 온도에서 취급하는 것 및 제48조의 위험물을 취급하는 것은 제외)
	지반면으로부터 6m 이상의 높이에 위험물 취급설비가 있는 것 (고인화점위험물만을 100℃ 미만의 온도에서 취급하는 것은 제외)
	일반취급소로 사용되는 부분 외의 부분을 갖는 건축물에 설치된 것(내화구조로 개구부 없이 구획 된 것, 고인화점위험물만을 100℃ 미만의 온도에서 취급하는 것 및 별표Ⅹ의2의 화학실험의 일반취급소는 제외)

🅐 A : 1,000   B : 100   C : 6

201 ☆☆☆

위험물안전관리법령에서 정한 제조소 중 옥외탱크저장소에 저장하는 소화난이도등급 I 에 해당하는 번호를 고르시오.

> 1. 과산화수소 액표면적 $40m^2$ 이상 옥외탱크저장소
> 2. 질산 60,000kg을 저장하는 옥외탱크저장소
> 3. 휘발유 110,000L 저장 지중탱크
> 4. 황 15,000kg 저장 지중탱크
> 5. 이황화탄소 500L 저장 옥외탱크저장소

해 1. 과산화수소는 제6류이니 제외

2. 질산은 제6류이니 제외

3. 휘발유 지정수량의 $\dfrac{110,000}{200} = 550$배이니 해당

4. 황 지정수량의 $\dfrac{15,000}{100} = 150$배이니 해당

5. 이황화탄소(= 고체위험물) 지정수량의 $\dfrac{500}{50} = 10$배이니 제외

옥외 탱크 저장소	액표면적이 40m² 이상인 것(제6류 위험물을 저장하는 것 및 고인화점위험물만을 100℃ 미만의 온도에서 저장하는 것은 제외)
	지반면으로부터 탱크 옆판의 상단까지 높이가 6m 이상인 것(제6류 위험물을 저장하는 것 및 고인화점위험물만을 100℃ 미만의 온도에서 저장하는 것은 제외)
	지중탱크 또는 해상탱크로서 지정수량의 100배 이상인 것(제6류 위험물을 저장하는 것 및 고인화점위험물만을 100℃ 미만의 온도에서 저장하는 것은 제외)
	고체위험물을 저장하는 것으로서 지정수량의 100배 이상인 것

비고: 제조소등의 구분별로 오른쪽란에 정한 제조소등의 규모, 저장 또는 취급하는 위험물의 수량 및 최대수량 등의 어느 하나 해당하는 제조소등은 소화난이도등급 I에 해당하는 것으로 한다.

답 3/4

202

☆☆

인화성 액체 위험물 옥외탱크저장소 탱크 주위에 방유제 설치 기준이다. 빈칸을 채우시오.

> 1. 방유제내의 설치하는 옥외저장탱크의 수는 (A)로 할 것. 다만, 인화점이 200℃ 이상인 위험물을 저장 또는 취급하는 옥외저장탱크에 있어서는 그러하지 아니하다.
> 2. 방유제는 높이 (B), 두께 (C), 지하매설깊이 1m 이상으로 할 것. 다만, 방유제와 옥외저장탱크 사이의 지반면 아래에 불침윤성(不浸潤性 : 수분 흡수를 막는 성질) 구조물을 설치하는 경우에는 지하매설깊이를 해당 불침윤성 구조물까지로 할 수 있다.
> 3. 방유제내의 면적은 (D)로 할 것
> 4. 높이가 (E)를 넘는 방유제 및 간막이 둑의 안팎에는 방유제내에 출입하기 위한 계단 또는 경사로를 약 50m마다 설치할 것
> 5. 방유제의 용량은 방유제안에 설치된 탱크가 하나인 때에는 그 탱크 용량의 (F) 이상, 2기 이상인 때에는 그 탱크 중 용량이 최대인 것의 용량의 (G) 이상으로 할 것.

🏅 1. 방유제내의 설치하는 옥외저장탱크의 수는 10(방유제내에 설치하는 모든 옥외저장탱크의 용량이 20만L 이하이고, 당해 옥외저장탱크에 저장 또는 취급하는 위험물의 인화점이 70℃ 이상 200℃ 미만인 경우에는 20) 이하로 할 것. 다만, 인화점이 200℃ 이상인 위험물을 저장 또는 취급하는 옥외저장탱크에 있어서는 그러하지 아니하다.
  2. 방유제는 높이 0.5m 이상 3m 이하, 두께 0.2m 이상, 지하매설깊이 1m 이상으로 할 것. 다만, 방유제와 옥외저장탱크 사이의 지반면 아래에 불침윤성(不浸潤性: 수분 흡수를 막는 성질) 구조물을 설치하는 경우에는 지하매설깊이를 해당 불침윤성 구조물까지로 할 수 있다.
  3. 방유제내의 면적은 8만m² 이하로 할 것
  4. 높이가 1m를 넘는 방유제 및 간막이 둑의 안팎에는 방유제내에 출입하기 위한 계단 또는 경사로를 약 50m마다 설치할 것
  5. 방유제의 용량은 방유제안에 설치된 탱크가 하나인 때에는 그 탱크 용량의 110% 이상, 2기 이상인 때에는 그 탱크 중 용량이 최대인 것의 용량의 110% 이상으로 할 것. 이 경우 방유제의 용량은 당해 방유제의 내용적에서 용량이 최대인 탱크 외의 탱크의 방유제 높이 이하 부분의 용적, 당해 방유제내에 있는 모든 탱크의 지반면 이상 부분의 기초의 체적, 간막이 둑의 체적 및 당해 방유제 내에 있는 배관 등의 체적 뺀 것으로 한다.

🏅 A : 10 이하   B : 0.5m 이상 3m 이하   C : 0.2m 이상   D : 8만m² 이하   E : 1m   F : 110%   G : 110%

203 ☆

인화성 액체 위험물 옥외탱크저장소 탱크 주위에 방유제 설치 기준이다. 물음에 답하시오.

> 1. 방유제 면적(m^2)
> 2. 방유제 내 설치 옥외저장탱크 수 제한없는 기준
> 3. 방유제 내 설치하는 모든 옥외저장탱크 용량 18만 리터이고, 위험물이 제1석유류일 때 최대 설치 탱크개수

해 1. 방유제내의 면적은 8만m^2 이하로 할 것
2. 방유제내의 설치하는 옥외저장탱크의 수는 10(방유제내에 설치하는 모든 옥외저장탱크의 용량이 20만L 이하이고, 당해 옥외저장탱크에 저장 또는 취급하는 위험물의 인화점이 70℃ 이상 200℃ 미만인 경우에는 20) 이하로 할 것. 다만, 인화점이 200℃ 이상인 위험물을 저장 또는 취급하는 옥외저장탱크에 있어서는 그러하지 아니하다.
제1석유류 인화점: 21℃ 미만
답 1. 8만m^2 이하 2. 인화점 200℃ 이상인 위험물 저장 또는 취급하는 옥외저장탱크 3. 10개

204 ☆

옥외저장탱크 구조에 관한 내용이다. 빈칸을 채우시오.

> 옥외저장탱크는 두께 (A)mm 이상의 강철판 또는 이와 동등 이상의 강도, 내식성 및 내열성이 있다고 인정하여 소방청장이 정해 고시하는 재료, 구조로 위험물이 새지 아니하게 제작할 것

해 옥외저장탱크는 특정옥외저장탱크 및 준특정옥외저장탱크 외에는 두께 3.2㎜ 이상의 강철판 또는 소방청장이 정하여 고시하는 규격에 적합한 재료로, 특정옥외저장탱크 및 준특정옥외저장탱크는 Ⅶ 및 Ⅷ에 의하여 소방청장이 정하여 고시하는 규격에 적합한 강철판 또는 이와 동등 이상의 기계적 성질 및 용접성이 있는 재료로 틈이 없도록 제작하여야 하고, 압력탱크(최대상용압력이 대기압을 초과하는 탱크를 말한다)외의 탱크는 충수시험, 압력탱크는 최대상용압력의 1.5배의 압력으로 10분간 실시하는 수압시험에서 각각 새거나 변형되지 아니하여야 한다.
답 A : 3.2

205

☆

휘발유 저장 옥내탱크저장소에 대한 물음에 답하시오.

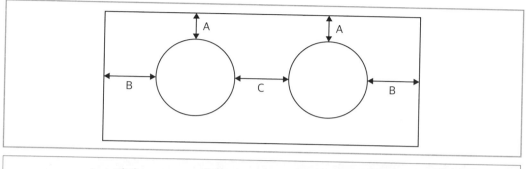

1. A 거리   2. B 거리   3. C 거리   4. 옥내탱크저장소 용량(L)

해 1. 옥내저장탱크와 탱크전용실의 벽과의 사이 및 옥내저장탱크의 상호간에는 0.5m 이상의 간격을 유지할
   것. 다만, 탱크 점검 및 보수에 지장이 없는 경우에는 그러하지 아니하다.
   2. 옥내저장탱크의 용량(동일한 탱크전용실에 옥내저장탱크를 2 이상 설치하는 경우에는 각 탱크의 용량의
   합계를 말한다)은 지정수량의 40배(제4석유류 및 동식물유류 외의 제4류 위험물에 있어서 당해 수량이
   20,000L를 초과할 때에는 20,000L) 이하일 것
   휘발유: 제1석유류, 지정수량200L

답 1. 0.5m 이상   2. 0.5m 이상   3. 0.5m 이상   4. 200 · 40 = 8,000L 이하

206 ☆

옥내탱크저장소 펌프실 기준이다. 빈칸을 채우시오.

> 1. 펌프실은 상층이 있는 경우에 있어서는 상층의 바닥을 내화구조로 하고, 상층이 없는 경우에 있어서는 지붕을 (A)로 하며. 천장을 설치하지 아니할 것
> 2. 펌프실의 출입구에는 (B)을 설치할 것. 다만, 제6류 위험물의 탱크전용실에 있어서는 (C)을 설치할 수 있다.
> 3. 탱크전용실에 펌프설비를 설치하는 경우에는 견고한 기초 위에 고정한 다음 그 주위에는 불연재료로 된 턱을 (D) 이상의 높이로 설치하는 등 누설된 위험물이 유출되거나 유입되지 아니하도록 하는 조치를 할 것
> 4. 액상의 위험물의 옥내저장탱크를 설치하는 탱크전용실의 바닥은 위험물이 침투하지 아니하는 구조로 하고, 적당한 경사를 두는 한편, (E)를 설치할 것
> 5. 탱크전용실의 창 또는 출입구에 유리를 이용하는 경우에는 (F)로 할 것

해 1. 펌프실은 상층이 있는 경우에 있어서는 상층의 바닥을 내화구조로 하고, 상층이 없는 경우에 있어서는 지붕을 불연재료로 하며. 천장을 설치하지 아니할 것
   2. 펌프실의 출입구에는 60분＋방화문 또는 60분방화문을 설치할 것. 다만, 제6류 위험물의 탱크전용실에 있어서는 30분방화문을 설치할 수 있다.
   3. 탱크전용실에 펌프설비를 설치하는 경우에는 견고한 기초 위에 고정한 다음 그 주위에는 불연재료로 된 턱을 0.2m 이상의 높이로 설치하는 등 누설된 위험물이 유출되거나 유입되지 아니하도록 하는 조치를 할 것
   4. 액상의 위험물의 옥내저장탱크를 설치하는 탱크전용실의 바닥은 위험물이 침투하지 아니하는 구조로 하고, 적당한 경사를 두는 한편, 집유설비를 설치할 것
   5. 탱크전용실의 창 또는 출입구에 유리를 이용하는 경우에는 망입유리로 할 것

답 A: 불연재료   B: 60분＋방화문 또는 60분방화문   C: 30분방화문   D: 0.2m   E: 집유설비
   F: 망입유리

☆

제4류 위험물 옥내저장탱크 밸브 없는 통기관에 관한 내용이다. 빈칸을 채우시오.

> 통기관의 끝부분은 건축물의 창·출입구 등의 개구부로부터 (　A　)m 이상 떨어진 옥외의 장소에 지면으로부터 (　B　)m 이상의 높이로 설치하되, 인화점이 40℃ 미만인 위험물의 탱크에 설치하는 통기관에 있어서는 부지경계선으로부터 (　C　)m 이상 거리를 둘 것. 다만, 고인화점 위험물만을 100℃ 미만의 온도로 저장 또는 취급하는 탱크에 설치하는 통기관은 그 끝부분을 탱크전용실 내에 설치할 수 있다.

해 밸브 없는 통기관

1. 통기관의 끝부분은 건축물의 창·출입구 등의 개구부로부터 1m 이상 떨어진 옥외의 장소에 지면으로부터 4m 이상의 높이로 설치하되, 인화점이 40℃ 미만인 위험물의 탱크에 설치하는 통기관에 있어서는 부지경계선으로부터 1.5m 이상 거리를 둘 것. 다만, 고인화점 위험물만을 100℃ 미만의 온도로 저장 또는 취급하는 탱크에 설치하는 통기관은 그 끝부분을 탱크전용실 내에 설치할 수 있다.

답 A : 1　B : 4　C : 1.5

208 ☆☆☆☆☆

지하탱크저장소 기준이다. 빈칸을 채우시오.

1. 탱크전용실은 지하의 가장 가까운 벽·피트·가스관 등의 시설물 및 대지경계선으로부터 (A) 떨어진 곳에 설치하고, 지하저장탱크와 탱크전용실의 안쪽과의 사이는 0.1m 이상의 간격을 유지하도록 하며, 당해 탱크의 주위에 (B) 또는 습기 등에 의하여 응고되지 아니하는 입자지름 5㎜ 이하의 마른 자갈분을 채워야 한다.
2. 지하저장탱크의 윗부분은 지면으로부터 (C) 아래에 있어야 한다.
3. 지하저장탱크를 2 이상 인접해 설치하는 경우에는 그 상호간에 (D)(당해 2 이상의 지하저장탱크의 용량의 합계가 지정수량의 100배 이하인 때에는 E) 이상의 간격을 유지하여야 한다. 다만, 그 사이에 탱크전용실의 벽이나 두께 (F)의 콘크리트 구조물이 있는 경우에는 그러하지 아니하다.
4. 지하저장탱크의 주위에는 당해 탱크로부터의 액체위험물의 누설을 검사하기 위한 관을 다음의 각 목의 기준에 따라 (G) 적당한 위치에 설치하여야 한다.
5. 탱크전용실은 벽·바닥 및 뚜껑을 다음 각 목에 정한 기준에 적합한 철근콘크리트구조 또는 이와 동등 이상의 강도가 있는 구조로 설치하여야 한다.
   가. 벽·바닥 및 뚜껑의 두께는 (H)일 것
   나. 벽·바닥 및 뚜껑의 내부에는 지름 9㎜부터 13㎜까지의 철근을 가로 및 세로로 5cm부터 20cm 까지의 간격으로 배치할 것
   다. 벽·바닥 및 뚜껑의 재료에 수밀(액체가 새지 않도록 밀봉되어 있는 상태)콘크리트를 혼입하거나 벽·바닥 및 뚜껑의 중간에 아스팔트층을 만드는 방법으로 적정한 방수조치를 할 것
6. 당해 탱크를 지하철·지하가 또는 지하터널로부터 수평거리 (I) 이내의 장소 또는 지하건축물 내의 장소에 설치하지 아니할 것
7. 지하의 가장 가까운 벽·피트(pit : 인공지하구조물)·가스관 등의 시설물 및 대지경계선으로부터 (J) 이상 떨어진 곳에 매설할 것
8. 지하저장탱크는 용량에 따라 다음 표에 정하는 기준에 적합하게 강철판 또는 동등 이상의 성능이 있는 금속재질로 (K)용접 또는 (L)용접으로 틈이 없도록 만드는 동시에, 압력탱크(최대 상용압력이 46.7kPa 이상인 탱크를 말한다) 외의 탱크에 있어서는 (M)kPa의 압력으로, 압력 탱크에 있어서는 최대상용압력의 (N)배의 압력으로 각각 (O)분간 수압시험을 실시하여 새거나 변형되지 아니하여야 한다. 이 경우 수압시험은 소방청장이 정하여 고시하는 기밀시험과 비파괴시험을 동시에 실시하는 방법으로 대신할 수 있다.

해 1. 탱크전용실은 지하의 가장 가까운 벽·피트·가스관 등의 시설물 및 대지경계선으로부터 0.1m 이상 떨어진 곳에 설치하고, 지하저장탱크와 탱크전용실의 안쪽과의 사이는 0.1m 이상의 간격을 유지하도록 하며, 당해 탱크의 주위에 마른 모래 또는 습기 등에 의하여 응고되지 아니하는 입자지름 5㎜ 이하의 마른 자갈분을 채워야 한다.

2. 지하저장탱크의 윗부분은 지면으로부터 0.6m 이상 아래에 있어야 한다.

3. 지하저장탱크를 2 이상 인접해 설치하는 경우에는 그 상호간에 1m(당해 2 이상의 지하저장탱크의 용량의 합계
   가 지정수량의 100배 이하인 때에는 0.5m) 이상의 간격을 유지하여야 한다. 다만, 그 사이에 탱크전용실의 벽이나 두께 20㎝ 이상의 콘크리트 구조물이 있는 경우에는 그러하지 아니하다.

4. 지하저장탱크의 주위에는 당해 탱크로부터의 액체위험물의 누설을 검사하기 위한 관을 다음의 각목의 기준에 따라 4개소 이상 적당한 위치에 설치하여야 한다.

5. 탱크전용실은 벽·바닥 및 뚜껑을 다음 각 목에 정한 기준에 적합한 철근콘크리트구조 또는 이와 동등 이상의 강도가 있는 구조로 설치하여야 한다.
   가. 벽·바닥 및 뚜껑의 두께는 0.3m 이상일 것
   나. 벽·바닥 및 뚜껑의 내부에는 지름 9㎜부터 13㎜까지의 철근을 가로 및 세로로 5㎝부터 20㎝까지의 간격으로 배치할 것
   다. 벽·바닥 및 뚜껑의 재료에 수밀(액체가 새지 않도록 밀봉되어 있는 상태)콘크리트를 혼입하거나 벽·바닥 및 뚜껑의 중간에 아스팔트층을 만드는 방법으로 적정한 방수조치를 할 것

6. 당해 탱크를 지하철·지하가 또는 지하터널로부터 수평거리 10m 이내의 장소 또는 지하건축물내의 장소에 설치하지 아니할 것

7. 지하의 가장 가까운 벽·피트(pit: 인공지하구조물)·가스관 등의 시설물 및 대지경계선으로부터 0.6m 이상 떨어진 곳에 매설할 것

8. 지하저장탱크는 용량에 따라 다음 표에 정하는 기준에 적합하게 강철판 또는 동등 이상의 성능이 있는 금속재질로 완전용입용접 또는 양면겹침이음용접으로 틈이 없도록 만드는 동시에, 압력탱크(최대상용압력이 46.7kPa 이상인 탱크를 말한다) 외의 탱크에 있어서는 70kPa의 압력으로, 압력탱크에 있어서는 최대상용압력의 1.5배의 압력으로 각각 10분간 수압시험을 실시하여 새거나 변형되지 아니하여야 한다. 이 경우 수압시험은 소방청장이 정하여 고시하는 기밀시험과 비파괴시험을 동시에 실시하는 방법으로 대신할 수 있다.

답 A : 0.1m 이상   B : 마른 모래   C : 0.6m 이상   D : 1m   E : 0.5m
   F : 20cm 이상   G : 4개소 이상   H : 0.3m 이상   I : 10m   J : 0.6m
   K : 완전용입   L : 양면겹침이음   M : 70   N : 1.5   O : 10

209 ☆

지하저장탱크 관련 내용이다. 물음에 답하시오.

> 1. 탱크전용실 벽 두께
> 2. 통기관의 끝부분 설치 높이
> 3. 액체위험물의 누설을 검사하기 위한 관 설치 개소
> 4. 지하저장탱크와 탱크전용실의 안쪽과의 사이 간격
> 5. 탱크 주위를 채우는 물질
> 6. 지하저장탱크 윗부분 위치

🔲 1. 탱크전용실은 벽·바닥 및 뚜껑을 다음 각 목에 정한 기준에 적합한 철근콘크리트구조 또는 이와 동등 이상의 강도가 있는 구조로 설치하여야 한다.

　가. 벽·바닥 및 뚜껑의 두께는 0.3m 이상일 것

　나. 벽·바닥 및 뚜껑의 내부에는 지름 9㎜부터 13㎜까지의 철근을 가로 및 세로로 5㎝부터 20㎝까지의 간격으로 배치할 것

　다. 벽·바닥 및 뚜껑의 재료에 수밀(액체가 새지 않도록 밀봉되어 있는 상태)콘크리트를 혼입하거나 벽·바닥 및 뚜껑의 중간에 아스팔트층을 만드는 방법으로 적정한 방수조치를 할 것

2. 통기관의 끝부분은 건축물의 창·출입구 등의 개구부로부터 1m 이상 떨어진 옥외의 장소에 지면으로부터 4m 이상의 높이로 설치

3. 지하저장탱크의 주위에는 당해 탱크로부터의 액체위험물의 누설을 검사하기 위한 관을 다음의 각목의 기준에 따라 4개소 이상 적당한 위치에 설치하여야 한다.

4. 탱크전용실은 지하의 가장 가까운 벽·피트·가스관 등의 시설물 및 대지경계선으로부터 0.1m 이상 떨어진 곳에 설치하고, 지하저장탱크와 탱크전용실의 안쪽과의 사이는 0.1m 이상의 간격을 유지하도록 하며, 당해 탱크의 주위에 마른 모래 또는 습기 등에 의하여 응고되지 아니하는 입자지름 5㎜ 이하의 마른 자갈분을 채워야 한다.

5. 지하저장탱크 윗부분은 지면으로부터 0.6m 이상 아래에 있어야 한다.

📋 1. 0.3m 이상　　2. 지면으로부터 4m 이상　　3. 4개소 이상　　4. 0.1m 이상
5. 마른 모래 또는 입자지름 5㎜ 이하의 마른 자갈분　　6. 지면으로부터 0.6m 이상 아래

210

☆☆

지하저장탱크 2개에 경유 20,000L, 휘발유 8,000L를 인접해 설치 시 상호간 몇 m 이상의 간격을 유지해야 하는지 구하시오.

🖩 경유 지정수량 배수 $= \dfrac{20,000}{1,000} = 20$, 휘발유 지정수량 배수 $= \dfrac{8,000}{200} = 40 \rightarrow$ 지정수량 합 $= 60$

지하저장탱크를 2 이상 인접해 설치하는 경우에는 그 상호간에 1m(당해 2 이상의 지하저장탱크의 용량의 합계가 지정수량의 100배 이하인 때에는 0.5m) 이상의 간격을 유지하여야 한다. 다만, 그 사이에 탱크전용실의 벽이나 두께 20㎝ 이상의 콘크리트 구조물이 있는 경우에는 그러하지 아니하다.

🔲 0.5

211

☆

간이탱크저장소 기준이다. 빈칸을 채우시오.

> 1. 간이저장탱크의 용량은 (A)L 이하이어야 한다.
> 2. 간이저장탱크는 두께 (B)mm 이상의 강판으로 흠이 없도록 제작하여야 하며, 70kPa의 압력으로 10분간의 수압시험을 실시하여 새거나 변형되지 아니하여야 한다.

🖩 1. 간이저장탱크의 용량은 600L 이하이어야 한다.

2. 간이저장탱크는 두께 3.2mm 이상의 강판으로 흠이 없도록 제작하여야 하며, 70kPa의 압력으로 10분간의 수압시험을 실시하여 새거나 변형되지 아니하여야 한다.

🔲 A : 600 B : 3.2

212 ☆☆☆☆☆☆☆☆

이동탱크저장소와 이동저장탱크 기준이다. 빈칸을 채우시오.

1. 주입호스는 내경이 (A)이고, (B)의 압력에 견딜 수 있는 것으로 하며, 필요 이상으로 길게 하지 아니할 것

2. 주입설비의 길이는 (C)로 하고, 그 끝부분에 축적되는 (D)를 유효하게 제거할 수 있는 장치할 것

3. 분당 배출량은 (E)로 할 것

4. (F)·그 밖에 정전기에 의한 재해발생의 우려가 있는 액체의 위험물을 이동저장탱크의 상부로 주입하는 때에는 주입관을 사용하되, 당해 주입관의 끝부분을 이동저장탱크의 밑바닥에 밀착할 것

5. 위험물이 (G) 우려가 없고 화재예방상 안전한 구조로 할 것

6. 탱크(맨홀 및 주입관의 뚜껑을 포함한다)는 두께 (H) 이상의 강철판 또는 이와 동등 이상의 강도·내식성 및 내열성이 있다고 인정하여 소방청장이 정하여 고시하는 재료 및 구조로 위험물이 새지 아니하게 제작할 것

7. 압력탱크(최대상용압력이 46.7kPa 이상인 탱크를 말한다) 외의 탱크는 (I)으로, 압력탱크는 최대상용압력의 (J)의 압력으로 각각 (K)간의 수압시험을 실시하여 새거나 변형되지 아니할 것. 이 경우 수압시험은 용접부에 대한 비파괴시험과 기밀시험으로 대신할 수 있다.

8. 이동저장탱크는 그 내부에 (L) 이하마다 (M) 이상의 강철판 또는 이와 동등 이상의 강도·내열성 및 내식성이 있는 금속성의 것으로 칸막이를 설치하여야 한다. 다만, 고체인 위험물을 저장하거나 고체인 위험물을 가열하여 액체 상태로 저장하는 경우에는 그러하지 아니하다.

9. 두께 1.6㎜ 이상의 강철판 또는 이와 동등 이상의 강도·내열성 및 내식성이 있는 금속성의 것으로 할 것

10. 보냉장치가 없는 이동저장탱크에 저장하는 아세트알데하이드등 또는 다이에틸에터등의 온도는 (N) 이하로 유지할 것

11. 보냉장치가 있는 이동저장탱크에 저장하는 아세트알데하이드등 또는 다이에틸에터등의 온도는 당해 위험물의 (O) 이하로 유지할 것

해 1. 주입호스는 내경이 23㎜ 이상이고, 0.3MPa 이상의 압력에 견딜 수 있는 것으로 하며, 필요 이상으로 길게 하지 아니할 것

2. 주입설비의 길이는 50m 이내로 하고, 그 끝부분에 축적되는 정전기를 유효하게 제거할 수 있는 장치를 할 것

3. 분당 배출량은 200L 이하로 할 것

4. 휘발유·벤젠·그 밖에 정전기에 의한 재해발생의 우려가 있는 액체의 위험물을 이동저장탱크의 상부로 주입하는 때에는 주입관을 사용하되, 당해 주입관의 끝부분을 이동저장탱크의 밑바닥에 밀착할 것

5. 위험물이 샐 우려가 없고 화재예방상 안전한 구조로 할 것

6. 탱크(맨홀 및 주입관의 뚜껑을 포함한다)는 두께 3.2mm 이상의 강철판 또는 이와 동등 이상의 강도·내식성 및 내열성이 있다고 인정하여 소방청장이 정하여 고시하는 재료 및 구조로 위험물이 새지 아니하게 제작할 것

7. 압력탱크(최대상용압력이 46.7㎪ 이상인 탱크를 말한다) 외의 탱크는 70㎪의 압력으로, 압력탱크는 최대 상용압력의 1.5배의 압력으로 각각 10분간의 수압시험을 실시하여 새거나 변형되지 아니할 것. 이 경우 수압시험은 용접부에 대한 비파괴시험과 기밀시험으로 대신할 수 있다.

8. 이동저장탱크는 그 내부에 4,000L 이하마다 3.2㎜ 이상의 강철판 또는 이와 동등 이상의 강도·내열성 및 내식성이 있는 금속성의 것으로 칸막이를 설치하여야 한다. 다만, 고체인 위험물을 저장하거나 고체인 위험물을 가열하여 액체 상태로 저장하는 경우에는 그러하지 아니하다.

9. 두께 1.6㎜ 이상의 강철판 또는 이와 동등 이상의 강도·내열성 및 내식성이 있는 금속성의 것으로 할 것

10. 보냉장치가 없는 이동저장탱크에 저장하는 아세트알데하이드등 또는 다이에틸에터등의 온도는 40℃ 이하로 유지할 것

11. 보냉장치가 있는 이동저장탱크에 저장하는 아세트알데하이드등 또는 다이에틸에터등의 온도는 당해 위험물의 비점 이하로 유지할 것

답 A : 23㎜ 이상   B : 0.3MPa 이상   C : 50m 이내   D : 정전기   E : 200L 이하   F : 휘발유·벤젠
G : 샐   H : 3.2mm   I : 70kPa의 압력   J : 1.5배   K : 10분   L : 4,000L   M : 3.2mm   N : 40℃   O : 비점

213   ☆☆

위험물 운송책임자 감독 또는 지원의 방법과 위험물 운송 시 준수사항에 관한 물음에 답하시오.

1. 운송책임자의 감독 또는 지원의 방법 중 옳은 것을 고르시오.

   A : 운송책임자가 이동탱크저장소에 동승하여 운송 중인 위험물의 안전확보에 관하여 운전자에게
   필요한 감독 또는 지원을 하는 방법
   B : 위치추적기로 감독, 지원하는 방법
   C : 운송의 감독 또는 지원을 위하여 마련한 별도의 사무실에 운송책임자가 대기하면서 비상시의
   응급처치에 관하여 조언하는 것을 이행하는 법

2. 위험물운송자는 장거리에 걸치는 운송을 하는 때에는 2명 이상의 운전자로 해야 되오나 예외 사항
   인 것을 고르시오.

   A : 운송책임자를 동승시킨 경우
   B : 운송하는 위험물이 제2류 위험물, 제3류 위험물인 경우
   C : 운송도중에 4시간 이내마다 20분 이상씩 휴식하는 경우
   D : 운송하는 위험물이 제5류 위험물인 경우

3. 위험물(제4류 위험물에 있어서는 특수인화물 및 제1석유류에 한한다)을 운송하게 하는 자가 휴대
   또는 비치해야 하는 것을 쓰시오.

해 운송책임자의 감독 또는 지원의 방법은 다음 각목의 1과 같다.

　가. 운송책임자가 이동탱크저장소에 동승하여 운송 중인 위험물의 안전확보에 관하여 운전자에게 필요한 감독 또는 지원을 하는 방법. 다만, 운전자가 운송책임자의 자격이 있는 경우에는 운송책임자의 자격이 없는 자가 동승할 수 있다.

　나. 운송의 감독 또는 지원을 위하여 마련한 별도의 사무실에 운송책임자가 대기하면서 다음의 사항을 이행하는 방법

　　1) 운송경로를 미리 파악하고 관할소방관서 또는 관련업체(비상대응에 관한 협력을 얻을 수 있는 업체를 말한다)에 대한 연락체계를 갖추는 것

　　2) 이동탱크저장소의 운전자에 대하여 수시로 안전확보 상황을 확인하는 것

　　3) 비상시의 응급처치에 관하여 조언을 하는 것

　　4) 그 밖에 위험물의 운송중 안전확보에 관하여 필요한 정보를 제공하고 감독 또는 지원하는 것

위험물운송자는 장거리(고속국도에 있어서는 340km 이상, 그 밖의 도로에 있어서는 200km 이상을 말한다)에 걸치는 운송을 하는 때에는 2명 이상의 운전자로 할 것. 다만, 다음의 1에 해당하는 경우에는 그러하지 아니하다.

1) 제1호가목의 규정에 의하여 운송책임자를 동승시킨 경우

2) 운송하는 위험물이 제2류 위험물·제3류 위험물(칼슘 또는 알루미늄의 탄화물과 이것만을 함유한 것에 한한다)또는 제4류 위험물(특수인화물을 제외한다)인 경우

3) 운송도중에 2시간 이내마다 20분 이상씩 휴식하는 경우

이동탱크저장소에 의한 위험물의 운송시에 준수하여야 하는 기준은 다음 각 목과 같다.

1) 위험물(제4류 위험물에 있어서는 특수인화물 및 제1석유류에 한한다)을 운송하게 하는 자는 위험물안전카드를 위험물운송자로 하여금 휴대하게 할 것

2) 이동탱크저장소에는 당해 이동탱크저장소의 완공검사합격확인증 및 정기점검기록을 비치하여야 한다.

답 1. A/C　2. A/B　3. 정기점검기록/위험물안전카드/완공검사합격확인증

214 ☆

제조소등의 완공검사 신청시기에 대한 내용이다. 빈칸을 채우시오.

> 1. 지하탱크가 있는 제조소등의 경우: (A) 2. 이동탱크저장소의 경우: (B)

📋 제조소등의 완공검사 신청시기는 다음 각 호의 구분에 따른다.
1. 지하탱크가 있는 제조소등의 경우: 당해 지하탱크를 매설하기 전
2. 이동탱크저장소의 경우: 이동저장탱크를 완공하고 상시 설치 장소(이하 "상치장소"라 한다)를 확보한 후
3. 이송취급소의 경우: 이송배관 공사의 전체 또는 일부를 완료한 후. 다만, 지하ㆍ하천 등에 매설하는 이송배관의 공사의 경우에는 이송배관을 매설하기 전
4. 전체 공사가 완료된 후에는 완공검사 실시하기 곤란한 경우: 다음 각목에서 정하는 시기
   가. 위험물설비 또는 배관의 설치가 완료되어 기밀시험 또는 내압시험을 실시하는 시기
   나. 배관을 지하에 설치하는 경우에는 시ㆍ도지사, 소방서장 또는 기술원이 지정하는 부분을 매몰하기 직전
   다. 기술원이 지정하는 부분의 비파괴시험을 실시하는 시기
5. 제1호 내지 제4호에 해당하지 아니하는 제조소등의 경우: 제조소등의 공사를 완료한 후

📝 A: 지하탱크 매설 전   B: 이동저장탱크 완공하고 상치장소 확보 후

215 ☆

옥외저장소에 저장 기준에 대한 물음에 답하시오.

> 옥외저장소에서 위험물을 수납한 용기를 선반에 저장하는 경우에는 (A)m를 초과하여 저장하지 아니하여야 한다.

📋 옥외저장소에서 위험물을 수납한 용기를 선반에 저장하는 경우에는 6m를 초과하여 저장하지 아니하여야 한다.

📝 A: 6

216

☆☆☆

옥외저장소에 저장할 수 있는 제4류 위험물 품명 4가지 쓰시오.

해 옥외저장소 저장가능 위험물
    가. 제2류 위험물 중 황 또는 인화성고체(인화점이 섭씨 0도 이상인 것에 한한다)
    나. 제4류 위험물중 제1석유류(인화점이 섭씨 0도 이상인 것에 한한다)·알코올류·제2석유류·제3석유류
        ·제4석유류 및 동식물유류
    다. 제6류 위험물
    라. 제2류 위험물 및 제4류 위험물 중 특별시·광역시·특별자치시·도 또는 특별자치도의 조례로 정하는
        위험물(「관세법」제154조에 따른 보세구역 안에 저장하는 경우로 한정)
    마. 「국제해사기구에 관한 협약」에 의하여 설치된 국제해사기구가 채택한 「국제해상위험물규칙」(IMDG
        Code)에 적합한 용기에 수납된 위험물
답 알코올류/제2석유류/제3석유류/제4석유류

217

☆

면적 400m^2의 옥외저장소에 덩어리 형태의 황을 30,000kg 저장하는 경우에 대한 물음에 답하시오.

1. 설치 경계구역 수
2. 경계구역과 경계구역 간 간격
3. 해당 옥외저장소에 인화점 10℃인 제4류 위험물을 함께 저장할 수 있는지 여부

해 1. $\dfrac{400}{100} = 4$ 2. $\dfrac{30,000}{100} = 300$
    – 옥외저장소 중 덩어리 상태의 황만을 지반면에 설치한 경계표시의 안쪽에서 저장 또는 취급하는 것의 위
      치·구조 및 설비의 기술기준은 제1호 각목의 기준 및 다음 각목과 같다.
      가. 하나의 경계표시의 내부의 면적은 100m² 이하일 것
      나. 2 이상의 경계표시를 설치하는 경우에 있어서는 각각의 경계표시 내부의 면적을 합산한 면적은
          1,000m² 이하로 하고, 인접하는 경계표시와 경계표시와의 간격을 제1호 라목의 규정에 의한 공지의
          너비의 2분의 1 이상으로 할 것. 다만, 저장 또는 취급하는 위험물의 최대수량이 지정수량의 200배 이
          상인 경우에는 10m 이상으로 하여야 한다.
    – 황은 가연성 고체이나 인화성 고체가 아니라서 같이 저장 불가능
답 1. 4개   2. 10m 이상   3. 불가능

218　☆

정전기 발생할 수 있는 설비에 정전기를 유효하게 제거할 수 있는 방법 3가지 쓰시오.

해 위험물을 취급함에 있어서 정전기가 발생할 우려가 있는 설비에는 다음 각목의 1에 해당하는 방법으로 정전기를 유효하게 제거할 수 있는 설비를 설치하여야 한다.
　가. 접지에 의한 방법
　나. 공기 중의 상대습도를 70% 이상으로 하는 방법
　다. 공기를 이온화하는 방법

답 접지/공기 이온화/공기 중 상대습도 70% 이상으로 유지

219　☆

주유취급소 특례기준이다. 대상에 맞는 기준을 고르시오.

> 1. 주유탱크차를 사용하여 주유하는 항공기주유취급소에는 정전기를 유효하게 제거할 수 있는 접지전극을 설치할 것
> 2. 긴급한 경우에 고정주유설비의 펌프를 정지시킬 수 있는 긴급제어장치를 설치할 것
> 3. 철도 또는 궤도에 의하여 운행하는 차량에 직접 주유하는데 필요한 공지를 보유할 것
>
> 　　A. 선박　　　B. 철도　　　C. 항공기

답 A : 2　B : 3　C : 1

220 ☆

다음 물음에 답하시오

> 1. 항공기주유취급소에 있어서 항공기의 연료탱크에 직접 주유하기 위한 주유설비를 갖춘 이동탱크저장소
> 2. 비행장에 소속된 차량에 주유하는 주유취급소에 대한 항공기주유취급소 특례 적용여부
> 3. 다음 설명이 옳은 것은 ○, 옳지 않은 것은 × 표시 하시오.
>
>> 1. 주유호스차 또는 주유탱크차에 의하여 주유하는 때에는 주유호스의 끝부분을 항공기의 연료탱크의 급유구에 긴밀히 결합할 것　　　　　　　　　　　　　　　　　　　　　(　　　)
>> 2. 고정주유설비에는 당해 주유설비에 접속한 전용탱크 또는 위험물을 저장 또는 취급하는 탱크의 배관외의 것을 통하여서는 위험물을 주입하지 아니할 것　　　　　　　　　　(　　　)
>> 3. 주유호스차 또는 주유탱크차에서 주유하는 때에는 주유호스차의 호스기기 또는 주유탱크차의 주유설비를 항공기와 전기적으로 접속할 것　　　　　　　　　　　　　　　(　　　)

해 1. 항공기주유취급소에 있어서 항공기의 연료탱크에 직접 주유하기 위한 주유설비를 갖춘 이동탱크저장소 (이하 "주유탱크차"라 한다)에 대하여는 규정을 적용하지 아니하되, 다음 각목의 기준에 적합하여야 한다.
　　가. 주유탱크차에는 엔진배기통의 끝부분에 화염의 분출을 방지하는 장치를 설치할 것
　　나. 주유탱크차에는 주유호스 등이 적정하게 격납되지 아니하면 발진되지 아니하는 장치를 설치할 것
　2. 비행장에서 항공기, 비행장에 소속된 차량 등에 주유하는 주유취급소에 대하여는 항공기주유취급소의 특례를 적용한다.
　3. 항공기주유취급소에서의 취급기준은 규정을 준용하는 외에 다음의 기준에 의할 것
　　1) 항공기에 주유하는 때에는 고정주유설비, 주유배관의 끝부분에 접속한 호스기기, 주유호스차 또는 주유탱크차를 사용하여 직접 주유할 것(중요기준)
　　2) 고정주유설비에는 당해 주유설비에 접속한 전용탱크 또는 위험물을 저장 또는 취급하는 탱크의 배관외의 것을 통하여서는 위험물을 주입하지 아니할 것
　　3) 주유호스차 또는 주유탱크차에 의하여 주유하는 때에는 주유호스의 끝부분을 항공기의 연료탱크의 급유구에 긴밀히 결합할 것. 다만, 주유탱크차에서 주유호스 끝부분에 수동개폐장치를 설치한 주유노즐에 의하여 주유하는 때에는 그러하지 아니하다.
　　5) 주유호스차 또는 주유탱크차에서 주유하는 때에는 주유호스차의 호스기기 또는 주유탱크차의 주유설비를 항공기와 전기적으로 접속할 것

답 1. 주유탱크차　2. 적용　3. O/O/O

221   ☆☆

주유취급소 위치, 구조, 설비 기준이다. 물음에 답하시오.

> 1. 고정주유설비의 중심선을 기점으로 하여 도로경계선까지 거리
> 2. 고정주유설비의 중심선을 기점으로 하여 부지경계선·담 및 건축물의 벽까지 거리
> 3. 고정급유설비의 중심선을 기점으로 하여 도로경계선까지 거리
> 4. 고정급유설비의 중심선을 기점으로 하여 부지경계선 및 담까지 거리
> 5. 고정급유설비의 중심선을 기점으로 하여 개구부 없는 건축물의 벽까지 거리

해 고정주유설비 또는 고정급유설비는 다음 각목의 기준에 적합한 위치에 설치하여야 한다.
　가. 고정주유설비의 중심선을 기점으로 하여 도로경계선까지 4m 이상, 부지경계선·담 및 건축물의 벽까지 2m(개구부가 없는 벽까지는 1m) 이상의 거리를 유지하고, 고정급유설비의 중심선을 기점으로 하여 도로경계선까지 4m 이상, 부지경계선 및 담까지 1m 이상, 건축물의 벽까지 2m(개구부가 없는 벽까지는 1m) 이상의 거리를 유지할 것
　나. 고정주유설비와 고정급유설비의 사이에는 4m 이상의 거리를 유지할 것

답 1. 4m 이상　2. 2m 이상　3. 4m 이상　4. 1m 이상　5. 1m 이상

222   ☆☆☆

주유취급소에 설치하는 탱크 용량을 몇 L 이하로 하는지 답하시오.

> 1. 자동차 등에 주유하기 위한 고정주유설비에 직접 접속하는 전용탱크
> 2. 고속도로 주유설비

해 1. 자동차 등에 주유하기 위한 고정주유설비에 직접 접속하는 전용탱크로서 50,000L 이하의 것
　2. 고속국도의 도로변에 설치된 주유취급소에 있어서는 규정에 의한 탱크 용량을 60,000L까지 할 수 있다.

답 1. 50,000　2. 60,000

223

☆

주유취급소에 이 사항의 탱크 외에는 위험물을 저장, 취급하는 탱크를 설치할 수 없다. 빈칸을 채우시오.

> 1. 자동차 등에 주유하기 위한 고정주유설비에 직접 접속하는 전용탱크로서 (A)L 이하의 것
> 2. 고정급유설비에 직접 접속하는 전용탱크로서 (B)L 이하의 것
> 3. 보일러 등에 직접 접속하는 전용탱크로서 (C)L 이하의 것
> 4. 자동차 등을 점검·정비하는 작업장 등에서 사용하는 폐유·윤활유 등의 위험물을 저장하는 탱크로서 용량이 (D)L 이하인 탱크

해 주유취급소에는 다음 각목의 탱크 외에는 위험물을 저장 또는 취급하는 탱크를 설치할 수 없다. 다만, 규정에 의한 이동탱크저장소의 상시주차장소를 주유공지 또는 급유공지 외의 장소에 확보하여 이동탱크저장소(당해주유취급소의 위험물의 저장 또는 취급에 관계된 것에 한한다)를 설치하는 경우에는 그러하지 아니하다.
  가. 자동차 등에 주유하기 위한 고정주유설비에 직접 접속하는 전용탱크로서 50,000L 이하의 것
  나. 고정급유설비에 직접 접속하는 전용탱크로서 50,000L 이하의 것
  다. 보일러 등에 직접 접속하는 전용탱크로서 10,000L 이하의 것
  라. 자동차 등을 점검·정비하는 작업장 등(주유취급소안에 설치된 것에 한한다)에서 사용하는 폐유·윤활유 등의 위험물을 저장하는 탱크로서 용량(2 이상 설치하는 경우에는 각 용량의 합계를 말한다)이 2,000L 이하인 탱크(이하 "폐유탱크등"이라 한다)
  마. 고정주유설비 또는 고정급유설비에 직접 접속하는 3기 이하의 간이탱크. 다만, 「국토의 계획 및 이용에 관한 법률」에 의한 방화지구안에 위치하는 주유취급소의 경우 제외한다.

답 A : 50,000   B : 50,000   C : 10,000   D : 2,000

224

☆

셀프용 고정주유설비 기준이다. 빈칸을 채우시오.

> 1회의 연속주유량 및 주유시간의 상한을 미리 설정할 수 있는 구조일 것.
> 이 경우 연속주유량 및 주유시간의 상한은 다음과 같다.
> 1) 휘발유는 (A)L 이하, (B)분 이하로 할 것
> 2) 경유는 (C)L 이하, (D)분 이하로 할 것

해 1회의 연속주유량 및 주유시간의 상한을 미리 설정할 수 있는 구조일 것.
  이 경우 연속주유량 및 주유시간의 상한은 다음과 같다.
    1) 휘발유는 100L 이하, 4분 이하로 할 것
    2) 경유는 600L 이하, 12분 이하로 할 것

답 A : 100   B : 4   C : 600   D : 12

225 ☆

주유취급소 관련 내용이다. 물음에 답하시오.

1. 셀프용고정주유설비의 1회 휘발유 연속주유량
2. 셀프용고정주유설비의 1회 휘발유 주유시간
3. 휘발유, 벤젠 그 밖에 정전기에 의한 재해가 발생할 우려가 있는 액체위험물의 옥외저장탱크의 주입구 부근에는 정전기를 유효하게 제거하기 위해 설치하는 것
4. 이동저장탱크의 상부로부터 위험물을 주입할 때 위험물의 액표면이 주입관의 끝부분을 넘는 높이가 될 때까지 그 주입관내의 유속
5. 이동저장탱크의 밑부분으로부터 위험물을 주입할 때 위험물의 액표면이 주입관의 정상부분을 넘는 높이가 될 때까지 그 주입배관내의 유속

🔲 윗 해설 참조

1/2. 주유시간의 상한을 미리 설정할 수 있는 구조일 것.
　　 이 경우 연속주유량 및 주유시간의 상한은 다음과 같다.
　　　 1) 휘발유는 100L 이하, 4분 이하로 할 것
　　　 2) 경유는 600L 이하, 12분 이하로 할 것
3. 액체위험물의 옥외저장탱크의 주입구는 다음 각목의 기준에 의하여야 한다.
　　 가. 화재예방상 지장이 없는 장소에 설치할 것
　　 나. 주입호스 또는 주입관과 결합할 수 있고, 결합하였을 때 위험물이 새지아니할 것
　　 다. 주입구에는 밸브 또는 뚜껑을 설치할 것
　　 라. 휘발유, 벤젠 그 밖에 정전기에 의한 재해가 발생할 우려가 있는 액체위험물의 옥외저장탱크의 주입구 부근에는 정전기를 유효하게 제거하기 위한 접지전극 설치할 것
4/5. 휘발유를 저장하던 이동저장탱크에 등유나 경유를 주입할 때 또는 등유나 경유를 저장하던 이동저장탱크에 휘발유를 주입할 때에는 다음의 기준에 따라 정전기등에 의한 재해를 방지하기 위한 조치를 할 것
　　 가) 이동저장탱크의 상부로부터 위험물을 주입할 때에는 위험물의 액표면이 주입관의 끝부분을 넘는 높이가 될 때까지 그 주입관내의 유속을 초당 1m 이하로 할 것
　　 나) 이동저장탱크의 밑부분으로부터 위험물을 주입할 때에는 위험물의 액표면이 주입관의 정상부분을 넘는 높이가 될 때까지 그 주입배관내의 유속을 초당 1m 이하로 할 것
　　 다) 그 밖의 방법에 의한 위험물의 주입은 이동저장탱크에 가연성증기가 잔류하지 아니하도록 조치하고 안전한 상태로 있음을 확인한 후에 할 것

🔲 1. 100L 이하　 2. 4분 이하　 3. 접지전극　 4. 1m/s 이하　 5. 1m/s 이하

226
☆☆☆☆☆

"주유 중 엔진정지" 게시판 바탕색과 문자색, 규격을 쓰시오.

해 – 주유취급소에는 별표의 기준에 준하여 보기 쉬운 곳에 "위험물 주유취급소"라는 표시를 한 표지, 동표의 기준에 준하여 방화에 관하여 필요한 사항을 게시한 게시판 및 **황색바탕에 흑색문자로 "주유 중 엔진정지"**라는 표시를 한 게시판을 설치하여야 한다.
　　– 게시판은 한변의 길이가 0.3m 이상, 다른 한변의 길이가 0.6m 이상인 직사각형으로 할 것

답 바탕색 : 황색　문자색 : 흑색
　　규격 : 한변의 길이가 0.3m 이상, 다른 한변의 길이가 0.6m 이상인 직사각형

227
☆

제4류 위험물 저장소 주의사항 게시판에 대한 물음에 답하시오.

1. 크기	2. 색상	3. 주의사항

해 제4류 주의사항: 화기엄금
　제조소에는 보기 쉬운 곳에 다음 각목의 기준에 따라 방화에 관하여 필요한 사항을 게시한 게시판을 설치하여야 한다.
　가. 게시판은 한 변의 길이가 0.3m 이상, 다른 한 변의 길이가 0.6m 이상인 직사각형으로 할 것
　나. 게시판에는 저장 또는 취급하는 위험물의 유별·품명 및 저장최대수량 또는 취급최대수량, 지정수량의 배수 및 안전관리자의 성명 또는 직명을 기재할 것
　다. 나목의 게시판의 바탕은 백색으로, 문자는 흑색으로 할 것
　라. 나목의 게시판 외에 저장 또는 취급하는 위험물에 따라 다음의 규정에 의한 주의사항을 표시한 게시판을 설치할 것
　　1) 제1류 위험물 중 알칼리금속의 과산화물과 이를 함유한 것 또는 제3류 위험물 중 금수성물질에 있어서는 "물기엄금"
　　2) 제2류 위험물(인화성고체를 제외한다)에 있어서는 "화기주의"
　　3) 제2류 위험물 중 인화성고체, 제3류 위험물 중 자연발화성물질, 제4류 위험물 또는 제5류 위험물에 있어서는 "화기엄금"
　마. 라목의 게시판의 색은 "물기엄금"을 표시하는 것에 있어서는 청색바탕에 백색문자로, "화기주의" 또는 "화기엄금"을 표시하는 것에 있어서는 적색바탕에 백색문자로 할 것

답 1. 한 변의 길이가 0.3m 이상, 다른 한 변의 길이가 0.6m 이상인 직사각형
　2. 적색바탕에 백색문자　3. 화기엄금

228

☆☆☆

판매취급소 배합실 기준이다. 빈칸을 채우시오.

> 1. 바닥면적은 (A)m² 이상 (B)m² 이하로 할 것
> 2. (C) 또는 (D)로 된 벽으로 구획할 것
> 3. 바닥은 위험물이 침투하지 아니하는 구조로 하여 적당한 경사를 두고 (E)를 할 것
> 4. 출입구에는 수시로 열 수 있는 자동폐쇄식의 (F)을 설치할 것
> 5. 출입구 문턱의 높이는 바닥면으로부터 (G)m 이상으로 할 것

해 위험물을 배합하는 실은 다음에 의할 것
   1) 바닥면적은 6m² 이상 15m² 이하로 할 것
   2) 내화구조 또는 불연재료로 된 벽으로 구획할 것
   3) 바닥은 위험물이 침투하지 아니하는 구조로 하여 적당한 경사를 두고 집유설비를 할 것
   4) 출입구에는 수시로 열 수 있는 자동폐쇄식의 60분 + 방화문 또는 60분방화문을 설치할 것
   5) 출입구 문턱의 높이는 바닥면으로부터 0.1m 이상으로 할 것
   6) 내부에 체류한 가연성의 증기 또는 가연성의 미분을 지붕 위로 방출하는 설비를 할 것

답 A: 6   B: 15   C: 내화구조   D: 불연재료   E: 집유설비   F: 60분+방화문 또는 60분방화문   G: 0.1

229

☆☆

다음 중 운반 시 방수성 피복과 차광성 피복을 모두 해야 하는 것을 쓰시오.

> • 질산   • 염소산염류   • 유기과산화물   • 알칼리금속 과산화물   • 과산화나트륨
> • 철분   • 황린   • 클로로벤젠   • 과염소산   • 금속분

해 질산: 6류   염소산염류: 1류   유기과산화물: 5류   알칼리금속 과산화물: 1류
   과산화나트륨: 1류   철분: 2류   황린: 3류   클로로벤젠: 4류   과염소산: 6류   금속분: 2류
   적재하는 위험물의 성질에 따라 일광의 직사 또는 빗물의 침투를 방지하기 위하여 유효하게 피복하는 등
   다음 각목에 정하는 기준에 따른 조치를 하여야 한다(중요기준).
   가. 제1류 위험물, 제3류 위험물 중 자연발화성물질, 제4류 위험물 중 특수인화물, 제5류 위험물 또는 제6류
      위험물은 차광성이 있는 피복으로 가릴 것
   나. 제1류 위험물 중 알칼리금속의 과산화물 또는 이를 함유한 것, 제2류 위험물 중 철분·금속분·마그네슘 또
      는 이들중 어느 하나 이상을 함유한 것 또는 제3류 위험물 중 금수성물질은 방수성이 있는 피복으로 덮을
      것

답 알칼리금속 과산화물/과산화나트륨

230 ☆

차광성 있는 피복으로 가려야 하는 위험물 품명 또는 류별 총 4가지 쓰시오.

🖩 윗 해설 참조
🔑 특수인화물/제 1 · 5 · 6 류 위험물

231 ☆

강화플라스틱제 이중벽 탱크의 성능시험 항목 2가지 쓰시오.

🖩 강화플라스틱제 이중벽 탱크의 성능시험 항목
　기밀시험/수압시험/개구부 강도시험/운반용고리의 강도시험/충수시험/재료시험(열화시험/침지시험/충격
　및 내한시험/내광성 및 내후성시험/경도시험)
🔑 기밀시험/수압시험

232 ☆☆☆☆☆

적절한 인화점 시험방법 명칭을 쓰시오.

| 1. 시험물품 양: 2mL　　2. 시험물품 양: $50cm^3$　　3. 시험물품 양: 시료컵 표선까지 |

🖩 1. 신속평형법 시료컵을 설정온도(시험물품이 인화하는지의 여부를 확인하는 온도를 말한다. 이하 같다)까
　지 가열 또는 냉각하여 시험물품(설정온도가 상온보다 낮은 온도인 경우에는 설정온도까지 냉각시킨 것)
　2g을 시료컵에 넣고 뚜껑 및 개폐기를 닫을 것
2. 태그 밀폐식시험방법에 의한 인화점측정기의 시료컵에 시험물품 $50cm^3$를 넣고 시험물품의 표면의 기포
　를 제거한 후 뚜껑을 덮을 것
3. 클리브랜드 개방컵 시험방법에 의한 인화점측정기의 시료컵의 표선(標線)까지 시험물품을 채우고 시험물
　품의 표면의 기포를 제거할 것
🔑 1. 신속평형법　2. 태그밀폐식 시험방법　3. 클리브랜드 개방컵 시험방법

233 ☆

위험물에 과산화물 생성되었는지 확인하는 방법이다. 빈칸을 채우시오.

> 과산화물 검출 시 10% (A)를 반응시켜 (B)이 나타나는 것으로 검출 가능하다.

📋 A: 요오드화칼륨용액   B: 황색

234 ☆☆

산화성액체의 산화성 시험방법 및 판정기준이다. 빈칸을 채우시오.

> 시험물품과 (A)과의 혼합물의 연소시간이 표준물질((B) 90% 수용액)과 (A)과의 혼합물의 연소시간 이하인 경우에는 산화성액체에 해당하는 것으로 한다.

📖 시험물품과 목분과의 혼합물의 연소시간이 표준물질(질산 90% 수용액)과 목분과의 혼합물의 연소시간 이하인 경우에는 산화성액체에 해당하는 것으로 한다.

📋 A: 목분   B: 질산

235 ☆☆

위험물 탱크 기능검사 관리자로 필수인력을 고르시오.

> 1. 위험물산업기사   2. 비파괴검사기능사   3. 위험물기능장
> 4. 초음파비파괴검사기사   5. 토목분야 측량관련 기술사   6. 산업안전기사

📖 필수인력
　1. 위험물기능장·위험물산업기사 또는 위험물기능사 중 1명 이상
　2. 비파괴검사기술사 1명 이상 또는 초음파비파괴검사·자기비파괴검사 및 침투비파괴검사별로 기사 또는 산업기사 각 1명 이상

📋 1/3/4

236 ☆☆

안전관리자에 대한 내용이다. 물음에 답하시오.

> 1. (A)은 위험물의 안전관리에 관한 직무를 수행하게 하기 위하여 제조소등마다 대통령령이 정하는 위험물취급자격자를 안전관리자로 선임하여야 한다.
> 2. 안전관리자를 선임한 (A)은 그 안전관리자를 해임하거나 안전관리자가 퇴직한 때에는 해임 하거나 퇴직한 날부터 (B) 이내에 다시 안전관리자를 선임해야 한다.
> 3. (A)은 안전관리자를 선임한 경우에는 선임한 날부터 (C) 이내에 행정안전부령으로 정하 는 바에 따라 소방본부장 또는 소방서장에게 신고하여야 한다.
> 4. 안전관리자가 여행·질병 그 밖의 사유로 인하여 일시적으로 직무를 수행할 수 없을 경우 대리자 가 직무를 대행하는 기간을 (D)을 초과할 수 없다.

해 – 제조소등[제6조제3항의 규정에 따라 허가를 받지 아니하는 제조소등과 이동탱크저장소(차량에 고정된 탱크에 위험물을 저장 또는 취급하는 저장소를 말한다)를 제외한다. 이하 이 조에서 같다]의 관계인은 위 험물의 안전관리에 관한 직무를 수행하게 하기 위하여 제조소등마다 대통령령이 정하는 위험물의 취급에 관한 자격이 있는 자(이하 "위험물취급자격자"라 한다)를 위험물안전관리자(이하 "안전관리자"라 한다)로 선임하여야 한다. 다만, 제조소등에서 저장·취급하는 위험물이 「화학물질관리법」에 따른 인체급성유해 성물질, 인체만성유해성물질, 생태유해성물질에 해당하는 경우 등 대통령령이 정하는 경우에는 당해 제 조소등을 설치한 자는 다른 법률에 의하여 안전관리업무를 하는 자로 선임된 자 가운데 대통령령이 정하 는 자를 안전관리자로 선임할 수 있다.
- 제1항의 규정에 따라 안전관리자를 선임한 제조소등의 관계인은 그 안전관리자를 해임하거나 안전관리 자가 퇴직한 때에는 해임하거나 퇴직한 날부터 30일 이내에 다시 안전관리자를 선임하여야 한다.
- 제조소등의 관계인은 제1항 및 제2항에 따라 안전관리자를 선임한 경우에는 선임한 날부터 14일 이내에 행정안전부령으로 정하는 바에 따라 소방본부장 또는 소방서장에게 신고하여야 한다.
- 제1항의 규정에 따라 안전관리자를 선임한 제조소등의 관계인은 안전관리자가 여행·질병 그 밖의 사유로 인하여 일시적으로 직무를 수행할 수 없거나 안전관리자의 해임 또는 퇴직과 동시에 다른 안전관리자를 선 임하지 못하는 경우에는 국가기술자격법에 따른 위험물의 취급에 관한 자격취득자 또는 위험물안전에 관 한 기본지식과 경험이 있는 자로서 행정안전부령이 정하는 자를 대리자(代理者)로 지정하여 그 직무를 대 행하게 하여야 한다. 이 경우 대리자가 안전관리자의 직무를 대행하는 기간은 30일을 초과할 수 없다.

답 A : 제조소등의 관계인   B : 30일   C : 14일   D : 30일

안전교육에 관련된 표이다. 빈칸을 채우시오.

교육 과정	교육대상자	교육 시간	교육시기	교육 기관
강습 교육	(A)가 되려는 사람	24 시간	최초 선임되기 전	안전원
	(B)가 되려는 사람	8시간	최초 종사하기 전	안전원
	(C)가 되려는 사람	16 시간	최초 종사하기 전	안전원
실무 교육	(A)	8시간	가. 제조소등 안전관리자로 선임된 날부터 6개월 이내 나. 가목에 따른 교육을 받은 후 2년마다 1회	안전원
	(B)	4시간	가. 위험물운반자로 종사한 날부터 6개월 이내 나. 가목에 따른 교육을 받은 후 3년마다 1회	안전원
	(C)	8시간	가. 이동탱크저장소의 위험물운송자로 종사한 날부터 6개월 이내 나. 가목에 따른 교육을 받은 후 3년마다 1회	안전원
	(D)의 기술인력	8시간	가. 탱크시험자 기술인력으로 등록한 날부터 6개월 이내 나. 가목에 따른 교육을 받은 후 2년마다 1회	기술원

해

교육 과정	교육대상자	교육 시간	교육시기	교육 기관
강습 교육	안전관리자가 되려는 사람	24 시간	최초 선임되기 전	안전원
	위험물운반자가 되려는 사람	8시간	최초 종사하기 전	안전원
	위험물운송자가 되려는 사람	16 시간	최초 종사하기 전	안전원
실무 교육	안전관리자	8시간	가. 제조소등 안전관리자로 선임된 날부터 6개월 이내 나. 가목에 따른 교육을 받은 후 2년마다 1회	안전원
	위험물운반자	4시간	가. 위험물운반자로 종사한 날부터 6개월 이내 나. 가목에 따른 교육을 받은 후 3년마다 1회	안전원
	위험물운송자	8시간	가. 이동탱크저장소의 위험물운송자로 종사한 날부터 6개월 이내 나. 가목에 따른 교육을 받은 후 3년마다 1회	안전원
	탱크시험자의 기술인력	8시간	가. 탱크시험자 기술인력으로 등록한 날부터 6개월 이내 나. 가목에 따른 교육을 받은 후 2년마다 1회	기술원

답 A: 안전관리자   B: 위험물운반자   C: 위험물운송자   D: 탱크시험자

필답형 기출문제

잠깐! 더 효율적인 공부를 위한 링크들을 적극 이용하세요~!

직8딴 홈페이지
- 출시한 책 확인 및 구매

직8딴 카카오오픈톡방
- 실시간 저자의 질문 답변
(주7일 아침 11시~새벽 2시까지, 전화로도 함)
- 직8딴 구매자전용 복지와 혜택 획득
(최소 달에 40만원씩 기프티콘 지급)
- 구매자들과의 소통 및 EHS 관련 정보 습득

직8딴 네이버카페
- 실시간으로 최신화되는 정오표 확인
(정오표: 책 출시 이후 발견된 오타/오류를 모아놓은 표, 매우 중요)
- 공부에 도움되는 컬러버전 그림 및 사진 습득
- 직8딴 구매자전용 복지와 혜택 획득

직8딴 유튜브
- 저자 직접 강의 시청 가능
- 공부 팁 및 암기법 획득
- 국가기술자격증 관련 정보 획득

1회 기출문제

001

각 위험물의 증기비중을 구하시오.

1. 이황화탄소	2. 벤젠	3. 아세트알데하이드

📄 1. $\dfrac{CS_2분자량}{공기분자량} = \dfrac{76}{29} = 2.62$ 2. $\dfrac{벤젠분자량}{공기분자량} = \dfrac{78}{29} = 2.69$ 3. $\dfrac{CH_3CHO분자량}{공기분자량} = \dfrac{44}{29} = 1.52$

002

과산화칼륨에 대한 물음에 답하시오.

1. 물과의 반응식	2. 이산화탄소와의 반응식	3. 옥내저장소에 저장시 바닥면적

📄 1. $2K_2O_2 + 2H_2O \rightarrow 4KOH + O_2$ 2. $2K_2O_2 + 2CO_2 \rightarrow 2K_2CO_3 + O_2$ 3. $1,000\text{m}^2$ 이하

003

각 유별 위험물과 혼재할 수 있는 위험물의 유별을 쓰시오.

📄 제1류 위험물: 제 6 류 위험물　　　제2류 위험물: 제 4 · 5 류 위험물
제3류 위험물: 제 4 류 위험물　　　제4류 위험물: 제 2 · 3 · 5 류 위험물
제5류 위험물: 제 2 · 4 류 위험물　　　제6류 위험물: 제 1 류 위험물

004

다음 중 자연발화성물질 또는 금수성물질을 고르시오.

·칼륨 ·황린 ·인화칼슘 ·글리세린 ·트리나이트로페놀 ·나이트로벤젠 ·수소화칼슘

📋 칼륨/황린/인화칼슘/수소화칼슘

005

다음 분말소화약제의 주성분을 화학식으로 쓰시오.

1. 1종	2. 2종	3. 3종

📋 1. $NaHCO_3$ 2. $KHCO_3$ 3. $NH_4H_2PO_4$

006

마그네슘에 대한 물음에 답하시오.

1. 마그네슘 및 제2류 제8호의 물품 중 마그네슘을 함유한 것에 있어서는 다음 각목의 1에 해당하는 것은 제외한다.
   가. (A)mm의 체를 통과하지 아니하는 덩어리 상태의 것
   나. 지름 (B)mm 이상의 막대 모양의 것
2. 위험등급   3. 염산과의 반응식   4. 물과의 반응식

📋 1. A : 2 B : 2   2. III   3. $Mg + 2HCl \rightarrow MgCl_2 + H_2$ 4. $Mg + 2H_2O \rightarrow Mg(OH)_2 + H_2$

007

동식물유류에 대한 물음에 답하시오.

1. 요오드가로 분류와 물질 4가지	2. 요오드가 정의

답 1.

요오드가	100 이하 (불건성유)	100~130 (반건성유)	130 이상 (건성유)
물질	야자유/땅콩유/올리브유/피마자유	콩기름/쌀겨유/참기름/면실유(=목화씨유)	동유/들기름/아마인유/정어리기름

2. 지질 100g에 흡수되는 할로겐 양을 요오드 g수로 나타낸 것

008

옥외탱크저장소 2개에 휘발유 내용적 5천만L에 3천만L를 저장하고, 경유를 내용적 1억 2천만L의 탱크에 8천만L를 저장할 때 다음 물음에 답하시오.

1. 작은 탱크 최대용량(L)	2. 방유제 용량(공간용적 10%)(L)	3. 중간에 설치된 설비 명칭

답 1. 5천만 · 0.95 = 4,750만L   2. 1억2천만 · 0.9 · 1.1 = 1억1880만L 이상   3. 간막이 둑

009

주유취급소에 이 사항의 탱크 외에는 위험물을 저장, 취급하는 탱크를 설치할 수 없다.
빈칸을 채우시오.

1. 자동차 등에 주유하기 위한 고정주유설비에 직접 접속하는 전용탱크로서 (A)L 이하의 것
2. 고정급유설비에 직접 접속하는 전용탱크로서 (B)L 이하의 것
3. 보일러 등에 직접 접속하는 전용탱크로서 (C)L 이하의 것
4. 자동차 등을 점검·정비하는 작업장 등에서 사용하는 폐유·윤활유 등의 위험물을 저장하는 탱크로서 용량이 (D)L 이하인 탱크

답 A: 50,000   B: 50,000   C: 10,000   D: 2,000

010

제4류 위험물 중 인화점이 21℃ 이상 70℃ 미만이며 수용성인 위험물을 고르시오.

| 1. 에탄올 | 2. 폼산 | 3. 글리세린 | 4. 나이트로벤젠 | 5. 중유 | 6. 아세트산 |

🔳 2/6

011

옥외에 구조를 바꾼 종으로 설치한 원통형 탱크에 관한 물음에 답하시오.

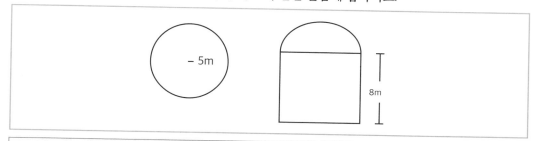

| 1. 용량(m^3)(탱크 공간용적: 10%) | 2. 기술검토 여부 | 3. 완공검사 여부 | 4. 정기검사 여부 |

🔲 1. $V = \pi r^2 \ell = \pi \cdot 5^2 \cdot 8 = 628.319 m^3$
공간용적 10%이니 628.319m³ · 0.9 = 565.49m³

🔳 1. $565.49 m^3$ 2. 받아야 함   3. 받아야 함   4. 받아야 함

012

다음 반응 시 생성되는 유독가스 명칭을 쓰시오. (없으면 "없음"으로 기재)

| 1. 과산화바륨과 물의 반응식 | 2. 아세트산 연소반응식 | 3. 황린과 수산화칼륨의 반응식 |
| 4. 황린 연소반응식 | 5. 메탄 연소반응식 | 6. 인화칼슘과 물의 반응식 |

🔳 1. 없음   2. 없음   3. 포스핀(PH_3)   4. 오산화린(P_2O_5)   5. 없음   6. 포스핀(PH_3)

013

금속니켈 촉매 하에서 300℃로 가열 시 수소첨가반응으로 시클로헥산 생성하며 인화점이 낮아 고체상태에서도 인화할 수 있는 분자량 78인 방향족 탄화수소물질에 대한 물음에 답하시오.

1. 물질명	2. 구조식	3. 수용성 여부

 1. 벤젠 2.   3. 비수용성

014

위험물 운송책임자 감독 또는 지원의 방법과 위험물 운송 시 준수사항에 관한 물음에 답하시오.

1. 운송책임자의 감독 또는 지원의 방법 중 옳은 것을 고르시오.

A : 운송책임자가 이동탱크저장소에 동승하여 운송 중인 위험물의 안전확보에 관하여 운전자에게 필요한 감독 또는 지원을 하는 방법
B : 위치추적기로 감독, 지원하는 방법
C : 운송의 감독 또는 지원을 위하여 마련한 별도의 사무실에 운송책임자가 대기하면서 비상시의 응급처치에 관하여 조언하는 것을 이행하는 법

2. 위험물운송자는 장거리에 걸치는 운송을 하는 때에는 2명 이상의 운전자로 해야 되오나 예외 사항인 것을 고르시오.

A : 운송책임자를 동승시킨 경우
B : 운송하는 위험물이 제2류 위험물, 제3류 위험물인 경우
C : 운송도중에 4시간 이내마다 20분 이상씩 휴식하는 경우
D : 운송하는 위험물이 제5류 위험물인 경우

3. 위험물(제4류 위험물에 있어서는 특수인화물 및 제1석유류에 한한다)을 운송하게 하는 자가 휴대 또는 비치해야 하는 것을 쓰시오.

 1. A/C 2. A/B 3. 정기점검기록/위험물안전카드/완공검사합격확인증

015

지하저장탱크 2개에 경유 20,000L, 휘발유 8,000L를 인접해 설치 시 상호간 몇 m 이상의 간격을 유지해야 하는지 구하시오.

🖹 0.5

016

제3류 위험물 중 위험등급 Ⅰ인 위험물 품명 5가지 쓰시오.

🖹 칼륨/황린/나트륨/알킬리튬/알킬알루미늄

017

빈칸을 채우시오.

종류	유별	지정수량
칼륨	(A)	(F)
질산	(B)	(G)
아조화합물	(C)	(H)
질산염류	(D)	(I)
나이트로소화합물	(E)	(J)

🖹 A: 3류   B: 6류   C: 5류   D: 1류   E: 5류   F: 10kg   G: 300kg   H: 1종: 10kg, 2종: 100kg
I: 300kg   J: 1종: 10kg, 2종: 100kg

018

메탄올과 에탄올의 연소반응식을 쓰시오.

🖹 메탄올: $2CH_3OH + 3O_2 \rightarrow 2CO_2 + 4H_2O$ 에탄올: $C_2H_5OH + 3O_2 \rightarrow 2CO_2 + 3H_2O$

019

옥외저장소에 다음 물질 저장 시 보유공지를 구하시오.

1. 제1석유류 지정수량 10배 저장 시	2. 제2석유류 지정수량 10배 저장 시
3. 제3석유류 지정수량 30배 저장 시	4. 제4석유류 지정수량 30배 저장 시
5. 제2석유류 지정수량 100배 저장 시	

답 1. 3m 이상 2. 3m 이상 3. 9m 이상 4. 3m 이상 5. 12m 이상

020

다음 물질에 대한 물음에 답하시오.

- 비점 : 21℃
- 에틸렌과 산소를 $CuCl_2$촉매 하에 생성된 물질

1. 물질명 2. 시성식 3. 증기비중 4. 보냉장치가 없는 이동저장탱크에 저장 시 유지 온도

답 1. 아세트알데하이드 2. CH_3CHO 3. $\frac{CH_3CHO분자량}{공기분자량} = \frac{44}{29} = 1.52$ 4. 40℃ 이하

2회 기출문제

001

트리에틸알루미늄(TEAL)에 대한 물음에 답하시오.

1. 지정수량	2. 메탄올과의 폭발 반응식과 생성 가연성기체

🔑 1. 10kg 2. $(C_2H_5)_3Al + 3CH_3OH \rightarrow Al(CH_3O)_3 + 3C_2H_6$ 생성기체 : 에탄(C_2H_6)

002

소화설비 능력단위에 관한 표이다. 빈칸을 채우시오.

소화설비	용량	능력단위
소화전용 물통	(A)	0.3
수조(소화전용물통 3개 포함)	80L	(B)
수조(소화전용물통 6개 포함)	190L	(C)
마른 모래(삽 1개 포함)	(D)	0.5
팽창질석 또는 팽창진주암(삽 1개 포함)	(E)	1.0

🔑 A : 8L   B : 1.5   C : 2.5   D : 50L   E : 160L

003

삼황화인과 오황화인의 연소반응식과 생성물질을 쓰시오.

🔑 삼황화인 : $P_4S_3 + 8O_2 \rightarrow 2P_2O_5 + 3SO_2$,   생성물질 : 오산화린$(P_2O_5)$, 이산화황$(SO_2)$
　오황화인 : $2P_2S_5 + 15O_2 \rightarrow 2P_2O_5 + 10SO_2$,   생성물질 : 오산화린$(P_2O_5)$, 이산화황$(SO_2)$

004

다음 물질이 물과 반응 시 생성 기체의 명칭을 쓰시오.

| 1. 리튬 | 2. 질산암모늄 | 3. 염소산칼륨 | 4. 과산화칼륨 | 5. 인화칼슘 | 6. 나트륨 |

📓 1. H_2(수소) 2. 없음 3. 없음 4. O_2(산소) 5. PH_3(포스핀) 6. H_2(수소)

005

옥내저장소 기준이다. 물음에 답하시오.

1. 연면적 150m^2, 외벽이 내화구조인 옥내저장소 소요단위
2. 에틸알코올 800L, 클로로벤젠 2,000L, 동식물유류 20,000L, 특수인화물 500L, 디에틸에테르 2,000L의 총 소요단위

📓 1. 1   2. 5.6

006

옥내저장소에 용기를 저장하는 기준이다. 빈칸을 채우시오.

옥내저장소에서 동일 품명의 위험물이더라도 자연발화할 우려가 있는 위험물 또는 재해가 현저하게 증대할 우려가 있는 위험물을 다량 저장하는 경우에는 지정수량의 (A) 이하마다 구분하여 상호 간 (B) 이상의 간격을 두어 저장하여야 한다. 다만, 제48조의 규정에 의한 위험물 또는 기계에 의하여 하역하는 구조로 된 용기에 수납한 위험물에 있어서는 그러하지 아니하다(중요기준).
1. 옥내저장소에서 위험물을 저장하는 경우에는 다음 각목의 규정에 의한 높이를 초과하여 용기를 겹쳐 쌓지 아니하여야 한다.
　가. 기계에 의하여 하역하는 구조로 된 용기만을 겹쳐 쌓는 경우에 있어서는 (C)
　나. 제4류 위험물 중 제3석유류, 제4석유류 및 동식물유류를 수납하는 용기만을 겹쳐 쌓는 경우에 있어서는 (D)
　다. 그 밖의 경우에 있어서는 (E)
2. 옥내저장소에서는 용기에 수납하여 저장하는 위험물의 온도가 (F)를 넘지 아니하도록 필요한 조치를 강구하여야 한다(중요기준).

📓 A: 10배   B: 0.3m   C: 6m   D: 4m   E: 3m   F: 55℃

007

옥외탱크저장소 방유제 안에 35만L, 15만L, 60만L 총 3개의 인화성탱크가 있다.
방유제 저장용량(m^3)을 구하시오.

🔳 60만 · 1.1 = 66만L = 660m^3 이상

008

칼륨에 대한 물음에 답하시오.

1. 에틸알코올(에탄올)과의 반응식	2. 이산화탄소와의 반응식과 위험한 이유

🔳 1. $2K + 2C_2H_5OH \rightarrow 2C_2H_5OK + H_2$
　2. $4K + 3CO_2 \rightarrow 2K_2CO_3 + C$, 폭발반응 위험 존재

009

다음 물질에 대한 물음에 답하시오.

- 알코올류 산화환원과정 : 에틸알코올 ↔ (　A　) ↔ 아세트산
- 비점 : 21℃

1. A물질명
2. A시성식
3. A연소반응식
4. 옥외저장탱크 중 압력탱크 외 탱크에 저장 시 유지 온도

🔳 1. 아세트알데하이드　2. CH_3CHO　3. $2CH_3CHO + 5O_2 \rightarrow 4CO_2 + 4H_2O$　4. 15℃ 이하

010

분자량 100.5이고 비중 1.76인 물질에 대한 물음에 답하시오.

1. 물질명	2. 시성식	3. 유별	4. 제조소와 병원의 안전거리

🔑 1. 과염소산   2. $HClO_4$ 3. 제6류   4. 해당 없음

011

공간용적이 있는 양쪽 볼록한 타원형 탱크 용량(m^3)의 최댓값, 최솟값을 구하시오.

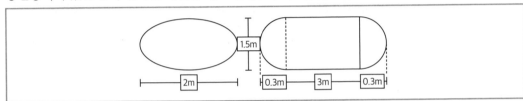

🔧 탱크의 공간용적은 탱크의 내용적의 100분의 5 이상 100분의 10 이하의 용적으로 한다.

$$V = \frac{\pi ab}{4}(\ell + \frac{\ell_1 + \ell_2}{3}) = \frac{\pi \cdot 2 \cdot 1.5}{4}(3 + \frac{0.3 + 0.3}{3}) = 7.54$$
$$\rightarrow 7.54 \cdot 0.9 = 6.79m^3, \quad 7.54 \cdot 0.95 = 7.16m^3$$

🔑 최솟값: $6.79m^3$ 최댓값: $7.16m^3$

012

제1류 위험물 중 위험등급 I 인 품명 4가지 쓰시오.

🔑 염소산염류/아염소산염류/과염소산염류/무기과산화물

013

빈칸을 채우시오.

류별	종류	품명	지정수량
1류	산화성고체	과망간산염류	1,000kg
		(A)	
		요오드산염류	(B)
2류	(C)	(D)	1,000kg
4류	인화성액체	제2석유류(비수용성)	(E)
		제3석유류(수용성)	(F)

📋 A : 다이크로뮴산염류   B : 300kg   C : 가연성고체   D : 인화성고체   E : 1,000L   F : 4,000L

014

산화프로필렌에 대한 물음에 답하시오.

> 1. 위험등급   2. 증기비중   3. 보냉장치가 없는 이동탱크저장소에 저장 시 유지온도

📋 1. I   2. $\dfrac{\text{산화프로필렌분자량}}{\text{공기분자량}} = \dfrac{58}{29} = 2$ 3. 40℃ 이하

015

나이트로셀룰로오스에 대한 물음에 답하시오.

> 1. 품명   2. 지정수량   3. 제조방법   4. 운반용기 외부 표시 주의사항

📋 1. 질산에스터류   2. 10kg
3. 셀룰로오스를 질산의 질화작용과 황산의 탈수작용으로 나이트로셀룰로오스 만듦
4. 화기엄금/충격주의

016

탄화알루미늄에 대한 물음에 답하시오.

1. 물과의 반응식	2. 염산과의 반응식

1. $Al_4C_3 + 12H_2O \rightarrow 4Al(OH)_3 + 3CH_4$ 2. $Al_4C_3 + 12HCl \rightarrow 4AlCl_3 + 3CH_4$

017

불활성가스 소화설비 중 다음 소화약제 성분과 구성 비율을 쓰시오.

1. IG-55	2. IG-541	3. IG-100

1. 질소 50%, 아르곤 50%   2. 질소 52%, 아르곤 40%, 이산화탄소 8%   3. 질소 100%

018

다음 용어의 정의를 쓰시오.

1. 인화성고체	2. 철분	3. 제2석유류

1. 고형알코올 그 밖에 1기압에서 인화점이 40℃ 미만인 고체
2. 철의 분말로서 53μm의 표준체를 통과하는 것이 50중량% 미만인 것은 제외
3. 등유, 경유 그 밖에 1기압에서 인화점이 21℃ 이상 70℃ 미만인 것

019

지정과산화물 저장, 취급하는 옥내저장소 저장창고 기준이다. 빈칸을 채우시오.

저장창고의 지붕은 다음 각목의 1에 적합할 것
가) 중도리 또는 서까래의 간격은 (A)㎝ 이하로 할 것
나) 지붕의 아래쪽 면에는 한 변의 길이가 (B)㎝ 이하의 환강(丸鋼)·경량형강(輕量形鋼) 등으로 된 강제(鋼製)의 격자를 설치할 것
다) 지붕의 아래쪽 면에 (C)을 쳐서 불연재료의 도리(서까래를 받치기 위해 기둥과 기둥 사이에 설치한 부재)·보 또는 서까래에 단단히 결합할 것
라) 두께 (D)㎝ 이상, 너비 (E)㎝ 이상의 목재로 만든 받침대를 설치할 것

📖 A : 30   B : 45   C : 철망   D : 5   E : 30

020

다음 물음에 답하시오.

1. 염소산칼륨 완전열분해 반응식
2. 염소산칼륨 25kg이 표준상태에서 완전분해 시 생성 산소 부피(m^3)

해 $2KClO_3 \rightarrow 2KCl + 3O_2$

$$O_2 = \frac{3}{2} \cdot \frac{25,000}{122.5} \cdot 22.4L \cdot \frac{m^3}{1,000L} = 6.86m^3$$

📖 1. $2KClO_3 \rightarrow 2KCl + 3O_2$ 2. $6.86m^3$

3회 기출문제

001

소화설비 적응성 있는 위험물에 'O'표시를 하시오.

소화설비의 구분		대상물 구분											
		건축물·그밖의공작물	전기설비	제1류 위험물		제2류 위험물			제3류 위험물		제4류위험물	제5류위험물	제6류위험물
				알칼리금속과산화물등	그밖의것	철분·금속분·마그네슘등	인화성고체	그밖의것	금수성물품	그밖의것			
옥내소화전 또는 옥외소화전설비													
스프링클러설비													
물분무등소화설비	물분무소화설비												
	포소화설비												
	불활성가스소화설비												
	할로겐화합물소화설비												

답

소화설비의 구분		대상물 구분											
		건축물·그밖의공작물	전기설비	제1류 위험물		제2류 위험물			제3류 위험물		제4류위험물	제5류위험물	제6류위험물
				알칼리금속과산화물등	그밖의것	철분·금속분·마그네슘등	인화성고체	그밖의것	금수성물품	그밖의것			
옥내소화전 또는 옥외소화전설비		O			O		O	O		O		O	O
스프링클러설비		O			O		O	O		O	△	O	O
물분무등소화설비	물분무소화설비	O	O		O		O	O		O	O	O	O
	포소화설비	O			O		O	O		O	O	O	O
	불활성가스소화설비		O				O				O		
	할로겐화합물소화설비		O				O				O		

002

담황색의 주상결정이고, 분자량 227, 폭약(TNT) 원료이며 햇빛에 다갈색으로 변하는 물질에 대한 물음에 답하시오.

1. 물질명	2. 화학식	3. 지정수량	4. 제조 반응식

답 1. 트리나이트로톨루엔 2. $C_6H_2CH_3(NO_2)_3$ 3. 10kg

4. $C_6H_5CH_3 + 3HNO_3 \xrightarrow[\text{나이트로화}]{C-H_2SO_4} C_6H_2CH_3(NO_2)_3 + 3H_2O$

003

표준상태에서 트리에틸알루미늄(228g)이 물과 반응 시 반응식과 발생 기체의 부피(L)를 구하시오.

해 $(C_2H_5)_3Al + 3H_2O \rightarrow Al(OH)_3 + 3C_2H_6$

$$1 \qquad\qquad : \qquad\qquad 3$$

$$\frac{228}{114} \cdot 22.4\,L \qquad : \qquad\qquad X$$

$$\rightarrow X = \frac{3 \cdot 228 \cdot 22.4}{114} = 134.4L$$

답 반응식: $(C_2H_5)_3Al + 3H_2O \rightarrow Al(OH)_3 + 3C_2H_6$ 발생 기체의 부피: 134.4L

004

옥내저장소 기준이다. 물음에 답하시오.

1. 연면적 $150m^2$, 외벽이 내화구조인 옥내저장소 소요단위
2. 에틸알코올 800L, 클로로벤젠 2,000L, 동식물유류 20,000L, 특수인화물 500L, 디에틸에테르 2,000L의 총 소요단위

답 1. 1   2. 5.6

005

횡으로 설치한 원통형 탱크 용량(L)을 구하시오.(탱크 공간용적 : 5%)

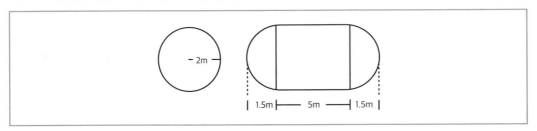

🔑 $V = \pi r^2 (\ell + \dfrac{\ell_1 + \ell_2}{3}) = \pi \cdot 2^2 (5 + \dfrac{1.5 + 1.5}{3}) = 75.398 m^3$

공간용적 5%이니 $75.398 m^3 \cdot 0.95 = 71.6281 m^3 = 71,628.1 L$

📋 원통형 탱크 용량: 71,628.1L

006

다음 물질의 시성식을 쓰시오.

| 1. 아세톤 | 2. 아닐린 | 3. 개미산 | 4. 초산에틸 | 5. 피크린산 |

📋 1. CH_3COCH_3 2. $C_6H_5NH_2$ 3. $HCOOH$ 4. $CH_3COOC_2H_5$ 5. $C_6H_2OH(NO_2)_3$

007

다음 위험물에 대한 물음에 답하시오.

• 알루미늄	• 질산나트륨	• 과산화수소	• 메틸에틸케톤	• 염소산암모늄
1. 연소가 가능한 위험물 2가지		2. 1. 답의 완전연소반응식		

📋 1. 알루미늄/메틸에틸케톤

2. $4Al + 3O_2 \rightarrow 2Al_2O_3 / 2CH_3COC_2H_5 + 11O_2 \rightarrow 8CO_2 + 8H_2O$

008

칼륨에 대한 물음에 답하시오.

> 1. 경유와 반응여부　　2. 물과의 반응식과 생성기체　　3. 이산화탄소와의 반응식과 위험한 이유

📝 1. 경유(석유)는 보호액이라 반응 없음　2. $2K + 2H_2O \rightarrow 2KOH + H_2$, 생성기체: 수소($H_2$)
　3. $4K + 3CO_2 \rightarrow 2K_2CO_3 + C$, 폭발반응 위험 존재

009

다음 조건을 이용해 제조소의 방화상 유효한 담(= 방화벽) 설치 높이(m)를 구하시오.

> - 제조소 외벽 높이(a): 40m　　　　- 인근 건축물 높이(H): 50m　　　　- p: 0.15
> - 제조소와 방화벽 거리(d): 5m　　　- 제조소와 인근 건축물 거리(D): 10m

📖 법에 의해 $H \leq pD^2 + a$이면 방화벽 높이 $= 2m$이고, $H > pD^2 + a$이면 $h = H - p(D^2 - d^2)$이다.
　$H = 50$, $pD^2 + a = 0.15 \cdot 10^2 + 40 = 55$
　$\rightarrow 50 \leq 55$

📘 2m

010

다음 시설별 안전거리를 쓰시오.

> 1. 주거용 주택　　　　2. 병원, 학교　　　　3. 문화재　　　　4. 도시가스 저장시설
> 5. 사용전압이 7,000V 초과 35,000V 이하의 특고압 가공전선

📘 1. 10m 이상　2. 30m 이상　3. 50m 이상　4. 20m 이상　5. 3m 이상

011

안전교육에 관련된 표이다. 빈칸을 채우시오.

교육과정	교육대상자	교육시간	교육시기	교육기관
강습교육	(A)가 되려는 사람	24시간	최초 선임되기 전	안전원
	(B)가 되려는 사람	8시간	최초 종사하기 전	안전원
	(C)가 되려는 사람	16시간	최초 종사하기 전	안전원
실무교육	(A)	8시간	가. 제조소등 안전관리자로 선임된 날부터 6개월 이내 나. 가목에 따른 교육을 받은 후 2년마다 1회	안전원
	(B)	4시간	가. 위험물운반자로 종사한 날부터 6개월 이내 나. 가목에 따른 교육을 받은 후 3년마다 1회	안전원
	(C)	8시간	가. 이동탱크저장소의 위험물운송자로 종사한 날부터 6개월 이내 나. 가목에 따른 교육을 받은 후 3년마다 1회	안전원
	(D)의 기술인력	8시간	가. 탱크시험자 기술인력으로 등록한 날부터 6개월 이내 나. 가목에 따른 교육을 받은 후 2년마다 1회	기술원

답 A : 안전관리자   B : 위험물운반자   C : 위험물운송자   D : 탱크시험자

012

제2석유류인 것을 고르시오.

1. 등유
2. 중유
3. 1기압에서 인화점이 섭씨 21도 이상 70도 미만인 것
4. 1기압에서 인화점이 섭씨 200도 이상 섭씨 250도 미만의 것
5. 도료류 그 밖의 물품에 있어서 가연성 액체량이 40중량퍼센트 이하이면서 인화점이 섭씨 40도 이상인 동시에 연소점이 섭씨 60도 이상인 것
6. 아세톤
7. 기어유

답 1/3

013

위험물 저장 및 취급에 관한 기준이다. 빈칸을 채우시오.

1. (A) 위험물은 불티·불꽃·고온체와의 접근 또는 과열을 피하고, 함부로 증기를 발생시키지 아니하여야 한다.
2. (B) 위험물은 불티·불꽃·고온체와의 접근이나 과열·충격 또는 마찰을 피하여야 한다.
3. (C) 위험물은 가연물과의 접촉·혼합이나 분해를 촉진하는 물품과의 접근 또는 과열을 피해야 한다.
4. 유별을 달리하는 위험물은 동일한 저장소에 저장하지 아니하여야 한다.
   다만, 옥내저장소 또는 옥외저장소에 있어서 다음의 각목의 규정에 의한 위험물을 저장하는 경우로서 위험물을 유별로 정리하여 저장하는 한편, 서로 1m 이상의 간격을 두는 경우에는 그러하지 아니하다(중요기준).
   1. 제1류 위험물(알칼리금속의 과산화물 또는 이를 함유한 것을 제외한다)과 (D) 위험물을 저장하는 경우
   2. 제2류 위험물 중 인화성고체와 (E) 위험물을 저장하는 경우

📋 A: 제4류   B: 제5류   C: 제6류   D: 제5류   E: 제4류

014

과산화칼륨과 아세트산(= 초산)이 반응하여 생성되는 위험물이고, 소독제로 쓰이고, 분자량 34인 제6류 위험물에 대한 물음에 답하시오.

| 1. 물질명 | 2. 시성식 | 3. 분해반응식 | 4. 위험물 제조소 주의사항 |

📋 1. 과산화수소   2. H_2O_2 3. $2H_2O_2 \rightarrow 2H_2O + O_2$ 4. 해당 없음

015

금속니켈 촉매 하에서 300℃로 가열 시 수소첨가반응으로 시클로헥산 생성하며 인화점이 낮아 고체상태에서도 인화할 수 있는 분자량 78인 방향족 탄화수소물질에 대한 물음에 답하시오.

1. 물질명	2. 화학식	3. 위험등급	4. 위험물안전카드 휴대여부

📋 1. 벤젠   2. C_6H_6 3. II   4. 휴대해야 됨

016

다음 중 운반 시 방수성 피복과 차광성 피복을 모두 해야 하는 것을 쓰시오.

• 질산	• 염소산염류	• 유기과산화물	• 알칼리금속 과산화물	• 과산화나트륨
• 철분	• 황린	• 클로로벤젠	• 과염소산	• 금속분

📋 알칼리금속 과산화물/과산화나트륨

017

원자량 23, 불꽃반응 시 노란색 띠는 물질에 대한 물음에 답하시오.

1. 물질명	2. 에탄올과의 반응식과 생성기체의 위험도

📋 1. 나트륨

2. $2Na + 2C_2H_5OH \rightarrow 2C_2H_5ONa + H_2$, 생성기체 : 수소($H_2$)   수소 위험도 : $\dfrac{75-4}{4} = 17.75$

018

질산암모늄 1몰 열분해 시 400℃, 0.8기압에서 발생하는 수증기 부피(L)를 구하시오.

해 $2NH_4NO_3 \rightarrow 2N_2 + O_2 + 4H_2O$

수증기 $(= H_2O) = \dfrac{4}{2} = 2$몰

$\rightarrow PV = nRT \rightarrow V = \dfrac{nRT}{P} = \dfrac{2 \cdot 0.0821 \cdot (273 + 400)}{0.8} = 138.13L$

답 수증기 부피 : 138.13L

019

다음 물질을 인화점이 낮은 순서대로 쓰시오.

| ・초산에틸 | ・메탄올 | ・에틸렌글리콜 | ・나이트로벤젠 |

답 초산에틸(-3℃) → 메탄올(11.11℃) → 나이트로벤젠(88℃) → 에틸렌글리콜(120℃)

020

크실렌 이성질체 3가지 명칭과 구조식을 쓰시오.

답

m - 크실렌	o - 크실렌	p - 크실렌

MEMO

04

필답형 기출문제

잠깐! 더 효율적인 공부를 위한 링크들을 적극 이용하세요~!

직8딴 홈페이지

- 출시한 책 확인 및 구매

직8딴 카카오오픈톡방

- 실시간 저자의 질문 답변
(주7일 아침 11시~새벽 2시까지, 전화로도 함)
- 직8딴 구매자전용 복지와 혜택 획득
(최소 달에 40만원씩 기프티콘 지급)
- 구매자들과의 소통 및 EHS 관련 정보 습득

직8딴 네이버카페

- 실시간으로 최신화되는 정오표 확인
(정오표: 책 출시 이후 발견된 오타/오류를 모아놓은 표, 매우 중요)
- 공부에 도움되는 컬러버전 그림 및 사진 습득
- 직8딴 구매자전용 복지와 혜택 획득

직8딴 유튜브

- 저자 직접 강의 시청 가능
- 공부 팁 및 암기법 획득
- 국가기술자격증 관련 정보 획득

1회 기출문제

001

과산화수소에 대한 물음에 답하시오..

1. 농도 낮추는 물질(=안정화처리)	2. 분해반응식

🖭 1. 인산   2. $2H_2O_2 \rightarrow 2H_2O + O_2$

002

다음 중 지정수량이 400L인 제4류 위험물과 물기엄금과 화기엄금을 동시에 가지는 물질을 골라 둘의 반응식을 쓰시오.

1. 칼륨	2. 에틸알코올	3. 황	4. 아세트산

🖪 지정수량이 400L인 제4류 위험물: 에탄올(에틸알코올, C_2H_5OH)
물기엄금과 화기엄금을 동시에 가지는 물질: 칼륨(K)

🖭 $2K + 2C_2H_5OH \rightarrow 2C_2H_5OK + H_2$

003

트리나이트로톨루엔에 대한 물음에 답하시오.

1. 제조방법	2. 구조식

🖭 1. 톨루엔을 질산과 황산 혼합물로 나이트로화시켜 제조   2.

$$\begin{array}{c} CH_3 \\ O_2N \underset{NO_2}{\overset{}{\bigcirc}} NO_2 \end{array}$$

004

다음 물질의 연소반응식을 쓰시오.

1. 메틸에틸케톤	2. 메탄올	3. 아세트산

답 1. $2CH_3COC_2H_5 + 11O_2 \rightarrow 8CO_2 + 8H_2O$ 2. $2CH_3OH + 3O_2 \rightarrow 2CO_2 + 4H_2O$
   3. $CH_3COOH + 2O_2 \rightarrow 2CO_2 + 2H_2O$

005

과망가니즈산칼륨에 대한 물음에 답하시오.

1. 지정수량	2. 묽은 황산과의 반응식과 생성 기체명	3. 위험등급

답 1. 1,000kg
   2. $4KMnO_4 + 6H_2SO_4 \rightarrow 2K_2SO_4 + 4MnSO_4 + 6H_2O + 5O_2$ 생성 기체 : 산소(O_2)
   3. III

006

황화인에 대한 물음에 답하시오.

1. 종류 3가지의 화학식	2. 운반용기 외부 표시 주의사항

답 1. (P_4S_3)삼황화인/(P_2S_5)오황화인/(P_4S_7)칠황화인   2. 화기주의

007

소화약제에 대한 물음에 답하시오.

1. 1종 분말소화약제 화학식
2. 2종 분말소화약제 화학식
3. 3종 분말소화약제 화학식
4. IG-55 성분과 구성비율
5. IG-541 성분과 구성비율
6. IG-100 성분과 구성비율

📋 1. $NaHCO_3$ 2. $KHCO_3$ 3. $NH_4H_2PO_4$ 4. 질소 50%, 아르곤 50%
   5. 질소 52%, 아르곤 40%, 이산화탄소 8%   6. 질소 100%

008

저장온도 및 유지온도에 관한 내용이다. 빈칸을 채우시오.

1. 옥외저장탱크·옥내저장탱크 또는 지하저장탱크 중 압력탱크 외의 탱크에 저장하는 디에틸에테르 등 또는 아세트알데하이드등의 온도는 산화프로필렌과 이를 함유한 것 또는 다이에틸에터등에 있어서는 (A) 이하로, 아세트알데하이드 또는 이를 함유한 것에 있어서는 (B) 이하로 각각 유지할 것
2. 보냉장치가 없는 이동저장탱크에 저장하는 아세트알데하이드등 또는 다이에틸에터등의 온도는 (C) 이하로 유지할 것
3. 보냉장치가 있는 이동저장탱크에 저장하는 아세트알데하이드등 또는 다이에틸에터등의 온도는 당해 위험물의 (D) 이하로 유지할 것

📋 A: 30℃   B: 15℃   C: 40℃   D: 비점

009

탄화칼슘에 대한 물음에 답하시오.

1. 물과의 반응식과 생성기체명
2. 물과의 반응서 생긴 기체와 구리의 반응식과 위험한 이유

📋 1. $CaC_2 + 2H_2O \rightarrow Ca(OH)_2 + C_2H_2$, 생성기체 : 아세틸렌($C_2H_2$)
   2. $C_2H_2 + 2Cu \rightarrow Cu_2C_2 + H_2$, Cu_2C_2(구리아세틸리드)이 발생하는데 폭발성이다.

010

동식물유류에 대한 물음에 답하시오.

1. 요오드가로 분류와 물질 3가지	2. 요오드가 정의

답 1.

요오드가	100 이하 (불건성유)	100~130 (반건성유)	130 이상 (건성유)
물질	야자유/땅콩유/ 올리브유/피마자유	콩기름/쌀겨유/참기름/ 면실유(=목화씨유)	동유/들기름/ 아마인유/정어리기름

2. 지질 100g에 흡수되는 할로겐 양을 요오드 g수로 나타낸 것

011

A의 이름과 품명, 연소반응식을 쓰시오.

(A)의 옥외저장탱크는 벽 및 바닥의 두께가 0.2m 이상이고 누수가 되지 아니하는 철근콘크리트의 수조에 넣어 보관하여야 한다. 이 경우 보유공지·통기관 및 자동계량장치는 생략할 수 있다.

답 이름 : 이황화탄소   품명 : 특수인화물   연소반응식 : $CS_2 + 3O_2 \rightarrow 2SO_2 + CO_2$

012

제조소 특례기준이다. 빈칸을 채우시오.

1. (A)등을 취급하는 설비는 은·수은·동·마그네슘 또는 이들을 성분으로 하는 합금으로 만들지 아니할 것
2. (B)등을 취급하는 제조소의 특례는 다음 각목과 같다.
   - 하이드록실아민등을 취급하는 설비에는 하이드록실아민등의 온도 및 농도의 상승에 의한 위험한 반응을 방지하기 위한 조치를 강구할 것
3. (C)등을 취급하는 설비에는 불활성기체를 봉입하는 장치를 갖출 것

답 A : 아세트알데하이드   B : 하이드록실아민   C : 알킬알루미늄

013

리튬 2몰과 물이 반응할 때 생기는 가연성 기체 부피(L)를 구하시오.

해 $2Li + 2H_2O \rightarrow 2LiOH + H_2$
　가연성기체: H_2 1몰$(22.4L)$
답 22.4L

014

적린에 대한 물음에 답하시오.

1. 연소 반응식과 생성기체의 화학식과 색상

답 1. $4P + 5O_2 \rightarrow 2P_2O_5$, 생성 기체: 오산화린$(P_2O_5)$, 색상: 백색

015

옥내외저장소에 용기를 저장하는 기준이다. 빈칸을 채우시오.

1. 옥내저장소에서 위험물을 저장하는 경우에는 다음 각목의 규정에 의한 높이를 초과하여 용기를 겹쳐 쌓지 아니하여야 한다.
　가. 기계에 의하여 하역하는 구조로 된 용기만을 겹쳐 쌓는 경우에 있어서는 (　A　)
　나. 제4류 위험물 중 제3석유류, 제4석유류 및 동식물유류를 수납하는 용기만을 겹쳐 쌓는 경우에 있어서는 (　B　)
　다. 그 밖의 경우에 있어서는 (　C　)
2. 옥외저장소에서 위험물을 수납한 용기를 선반에 저장하는 경우에는 (　D　)를 초과하여 저장하지 아니하여야 한다.

답 A: 6m　B: 4m　C: 3m　D: 6m

016

옥내저장소 기준이다. 물음에 답하시오.

1. 연면적 150m^2, 외벽이 내화구조인 옥내저장소 소요단위
2. 에틸알코올 800L, 클로로벤젠 2,000L, 동식물유류 20,000L, 특수인화물 500L, 디에틸에테르 2,000L의 총 소요단위

답 1. 1   2. 5.6

017

제4류 위험물인 알코올류에 대한 내용이다. 틀린 것을 바르게 고치시오.

1. "알코올류"라 함은 1분자를 구성하는 탄소원자의 수가 1개부터 3개까지인 포화1가 알코올(변성알코올을 포함한다)을 말한다.
2. 위험등급이 II 이다.
3. 지정수량이 800L이다.
4. 옥내저장소 바닥면적이 2,000m^2 이하이다.
5. 알코올류 제외대상은 1분자를 구성하는 탄소원자의 수가 1개 내지 3개의 포화1가 알코올의 함유량이 60중량퍼센트 미만인 수용액

답 3. 지정수량이 400L이다.
   4. 옥내저장소 바닥면적이 1,000m^2 이하이다.

018

표준상태에서 인화알루미늄(290g)이 물과 반응 시 발생 기체의 부피(L)를 구하시오.

해
$$AlP + 3H_2O \rightarrow Al(OH)_3 + PH_3$$

$$\frac{290}{58} \cdot 22.4L \quad : \quad X$$

$$\rightarrow X = \frac{290 \cdot 22.4L}{58} = 112L$$

답 112L

019

주유취급소 특례기준이다. 대상에 맞는 기준을 고르시오.

> 1. 주유탱크차를 사용하여 주유하는 항공기주유취급소에는 정전기를 유효하게 제거할 수 있는 접지전극을 설치할 것
> 2. 긴급한 경우에 고정주유설비의 펌프를 정지시킬 수 있는 긴급제어장치를 설치할 것
> 3. 철도 또는 궤도에 의하여 운행하는 차량에 직접 주유하는데 필요한 공지를 보유할 것
>
>   A. 선박   B. 철도   C. 항공기

📖 A : 2   B : 3   C : 1

020

위험물 운반기준이다. 빈칸을 채우시오.

> 1. 액체위험물은 운반용기 내용적의 (A)% 이하의 수납율로 수납하되, (B)℃의 온도에서 누설되지 아니하도록 충분한 공간용적을 유지하도록 할 것
> 2. 고체위험물은 운반용기 내용적의 (C)% 이하의 수납율로 수납할 것

📖 A : 98   B : 55   C : 95

2회 기출문제

001

규조토에 저장하고, 상온에선 액체이고, 겨울에는 동결하는 나이트로글리세린에 대한 물음에 답하시오.

1. 열분해반응식	2. 구조식	3. 시성식

📖 1. $4C_3H_5(NO_3)_3 \rightarrow 12CO_2 + 6N_2 + O_2 + 10H_2O$

2.
```
      H    H    H
      |    |    |
 H — C — C — C — H
      |    |    |
      O    O    O
      |    |    |
     NO2  NO2  NO2
```

3. $C_3H_5(NO_3)_3$

002

소화방법으로 옳은 것을 모두 고르시오.

A. 1류 위험물에서 알칼리금속과산화물을 제외하고 그 밖의 것은 주수소화가 가능하다.
B. 건조사는 모든 유별 위험물에 소화 적응성이 있다.
C. 제6류 위험물이 저장된 곳에 폭발할 우려가 없는 경우 이산화탄소 소화기에 적응성이 있다.
D. 에탄올은 물보다 비중이 높아서 주수소화시 화재가 확대된다.

📖 A/B/C

003

다음 물질에 대한 물음에 답하시오.

- 알코올류 산화환원과정 : 에틸알코올 ↔ (　A　) ↔ 아세트산
- 은거울반응
- 에틸렌과 산소를 $CuCl_2$ 촉매 하에 생성된 물질

| 1. A 물질명 | 2. A 시성식 | 3. A 지정수량 |

📖 1. 아세트알데하이드   2. CH_3CHO 3. 50L

004

흑색화약 원료 중 하나인 질산칼륨에 대한 물음에 답하시오.

| 1. 품명 | 2. 지정수량 |

📖 1. 질산염류   2. 300kg

005

30℃ 물 10kg로 주수소화 시 100℃ 수증기로 흡수하는 열량($kcal$)을 구하시오.

| 1. 지정수량(1) | 2. 위험등급(1) |

📖 $Q = m \cdot C \cdot \triangle T +$ 물기화열 $(= 539kcal/kg) =$ 질량 $\cdot$ 비열 $\cdot$ $\triangle$온도 $+ 539$

$$\rightarrow \frac{10kg \cdot 1kcal \cdot (100-30)℃}{kg \cdot ℃} + \frac{539kcal \cdot 10kg}{kg} = 6,090kcal$$

📖 열량 : $6,090kcal$

006

클로로벤젠에 대한 물음에 답하시오.

1. 품명	2. 시성식

🔡 1. 제2석유류(비수용성)   2. C_6H_5Cl

007

다음 소화약제의 화학식을 쓰시오.

1. 제2종분말소화약제	2. 할론1301	3. IG-100

🔡 1. $KHCO_3$ 2. CF_3Br 3. N_2

008

표준상태에서 트리에틸알루미늄(228g)이 물과 반응 시 반응식과 발생 기체의 부피(L)를 구하시오.

🔷
$$(C_2H_5)_3Al + 3H_2O \rightarrow Al(OH)_3 + 3C_2H_6$$
$$1 \quad : \quad 3$$
$$\frac{228}{114} \cdot 22.4\,L \quad : \quad X$$
$$\rightarrow X = \frac{3 \cdot 228 \cdot 22.4}{114} = 134.4L$$

🔡 반응식: $(C_2H_5)_3Al + 3H_2O \rightarrow Al(OH)_3 + 3C_2H_6$ 발생 기체의 부피: 134.4L

009

인화점 시험방법 3가지 쓰시오.

🔡 신속평형법/태그밀폐식 시험방법/클리브랜드 개방컵 시험방법

010

과산화칼륨과 아세트산(= 초산)이 반응하여 생성되는 위험물이고, 소독제로 쓰이고, 분자량 34인 제6류 위험물에 대한 물음에 답하시오.

1. 분해반응식	2. 운반용기 외부 표시 주의사항	3. 제조소와 학교의 안전거리

🔑 1. $2H_2O_2 \rightarrow 2H_2O + O_2$ 2. 가연물접촉주의   3. 해당 없음

011

1종 분말소화약제에 대한 물음에 답하시오.

1. 주성분 명칭	2. 1차 열분해 반응식(270℃)

🔑 1. 중탄산나트륨(탄산수소나트륨)   2. $2NaHCO_3 \rightarrow Na_2CO_3 + CO_2 + H_2O$

012

다음 위험물을 운반할 때 각 운반 용기 외부에 표시하여야 하는 주의사항을 쓰시오.

1. 벤조일퍼옥사이드	2. 마그네슘	3. 과산화나트륨	4. 인화성고체

🔑 1. 충격주의/화기엄금   2. 화기주의/물기엄금   3. 화기주의/충격주의/물기엄금/가연물접촉주의
4. 화기엄금

013

다음 물질에 대한 물음에 답하시오.

• 제3류 위험물	• 지정수량: 300kg	• 분자량: 64	• 비중: 2.2

1. 물질명   2. 고온에서 질소와의 반응식과 생성물 명칭

🖺 1. 탄화칼슘(카바이드)

2. $CaC_2 + N_2 \rightarrow CaCN_2 + C$ 생성물: $CaCN_2$(석회질소(= 칼슘시안아미드)), C(탄소)

014

위험물 저장량이 지정수량 1/10 초과일 때 혼재해서는 안 되는 위험물을 쓰시오.

🖺 제1류 위험물: 제 2·3·4·5 류 위험물
제2류 위험물: 제 1·3·6 류 위험물
제3류 위험물: 제 1·2·5·6 류 위험물
제4류 위험물: 제 1·6 류 위험물
제5류 위험물: 제 1·3·6 류 위험물
제6류 위험물: 제 2·3·4·5 류 위험물

015

다음 물질에 대한 물음에 답하시오.

• 은백색의 연한 경금속	• 비중: 0.53	• 불꽃반응 시 적색	• 2차전지로 이용

1. 물질명   2. 지정수량   3. 물과의 반응식   4. 위험등급

🖺 1. 리튬 2. 50kg   3. $2Li + 2H_2O \rightarrow 2LiOH + H_2$ 4. II

016

제조소등의 완공 검사 신청시기에 대한 내용이다. 빈칸을 채우시오.

> 1. 지하탱크가 있는 제조소등의 경우 : (　A　)　　　2. 이동탱크저장소의 경우 : (　B　)

📋 A : 지하탱크 매설 전　　B : 이동저장탱크 완공하고 상치장소 확보 후

017

해당 위험물들의 지정배수 총합을 구하시오.

> • 톨루엔 1,000L　　• 클로로벤젠 2,000L　　• 아닐린 4,000L　　• 기어유 6,000L

📖 톨루엔 $= \dfrac{1,000}{200} = 5$배　클로로벤젠 $= \dfrac{2,000}{1,000} = 2$배　아닐린 $= \dfrac{4,000}{2,000} = 2$배

　기어유 $= \dfrac{6,000}{6,000} = 1$배 $\rightarrow 5 + 2 + 2 + 1 = 10$배

📋 10배

018

지하탱크저장소 기준이다. 빈칸을 채우시오.

> 1. 지하저장탱크의 윗부분은 지면으로부터 (　A　) 이상 아래에 있어야 한다.
> 2. 지하저장탱크를 2 이상 인접해 설치하는 경우에는 그 상호간에 (　B　) 이상의 간격을 유지하여야 한다.
> 3. 지하저장탱크는 용량에 따라 다음 표에 정하는 기준에 적합하게 강철판 또는 동등 이상의 성능이 있는 금속재질로 (　C　)용접 또는 (　D　)용접으로 틈이 없도록 만드는 동시에, 압력탱크(최대 상용압력이 46.7kPa 이상인 탱크를 말한다) 외의 탱크에 있어서는 (　E　)kPa의 압력으로, 압력 탱크에 있어서는 최대상용압력의 (　F　)배의 압력으로 각각 (　G　)분간 수압시험을 실시하여 새거나 변형되지 아니하여야 한다. 이 경우 수압시험은 소방청장이 정하여 고시하는 기밀시험과 비파괴시험을 동시에 실시하는 방법으로 대신할 수 있다.

📋 A : 0.6m　B : 1m　C : 완전용입　D : 양면겹침이음　E : 70　F : 1.5　G : 10

019

다음 물음에 답하시오.

1. 염소산칼륨 완전열분해 반응식
2. 염소산칼륨 25kg이 표준상태에서 완전분해 시 생성 산소 부피(m^3)

해 $KClO_3 \rightarrow KCl + 1.5O_2$

$O_2 = 1.5 \cdot \dfrac{25,000}{122.5} \cdot 22.4L \cdot \dfrac{m^3}{1,000L} = 6.86m^3$

답 1. $KClO_3 \rightarrow KCl + 1.5O_2$ 2. $6.86m^3$

020

옥외탱크저장소 방유제 안에 35만L, 15만L, 60만L 총 3개의 인화성탱크가 있다.
방유제 저장용량(m^3)을 구하시오.

답 60만 $\cdot 1.1 = 66$만L $= 660m^3$ 이상

3회 기출문제

001

다음 물질을 인화점이 낮은 순서대로 쓰시오.

| • 초산에틸 | • 메탄올 | • 에틸렌글리콜 | • 나이트로벤젠 |

🔖 초산에틸($-3℃$) → 메탄올($11.11℃$) → 나이트로벤젠($88℃$) → 에틸렌글리콜($120℃$)

002

분자량이 32이고, 로켓의 연료로 사용되는 물질에 대한 물음에 답하시오.

| 1. 물질명 | 2. 시성식 | 3. 연소반응식 |

🔖 1. 하이드라진   2. N_2H_4 3. $N_2H_4 + O_2 \rightarrow N_2 + 2H_2O$

003

동식물유류에 대한 물음에 답하시오.

| 1. 요오드가로 분류와 물질 4가지 |

🔖 1.

요오드가	100 이하 (불건성유)	100~130 (반건성유)	130 이상 (건성유)
물질	야자유/땅콩유/올리브유/피마자유	콩기름/쌀겨유/참기름/면실유(=목화씨유)	동유/들기름/아마인유/정어리기름

004

분자량 76이며 특수인화물 중 물속에 저장하는 위험물에 대한 물음에 답하시오.

1. 물질명   2. 연소 반응식과 발생독성가스 화학식
3. 규격에 맞는 철근콘크리트 수조에 보관 시 생략사항 3가지

📋 1. 이황화탄소   2. $CS_2 + 3O_2 \rightarrow 2SO_2 + CO_2$, 발생 독성가스 : 이산화황($SO_2$)
   3. 통기관/보유공지/자동계량장치

005

옥외저장소에 옥외소화전설비를 각각 3개와 6개 설치 시 필요한 수원의 양(m^3)을 구하시오.

📋 3개 : $13.5m^3 \cdot 3 = 40.5m^3$ 이상   6개 : $13.5m^3 \cdot 4 = 54m^3$ 이상

006

아세트알데하이드의 산화 및 환원 과정서 생기는 물질들의 이름과 연소반응식을 쓰시오.

📋 산화 시 생기는 물질 : 아세트산   연소반응식 : $CH_3COOH + 2O_2 \rightarrow 2CO_2 + 2H_2O$
   환원 시 생기는 물질 : 에틸알코올   연소반응식 : $C_2H_5OH + 3O_2 \rightarrow 2CO_2 + 3H_2O$

007

제시된 소화설비에 대해 적응성이 있는 위험물을 고르시오.

> **보기**
> • 포소화설비 • 옥외소화전설비 • 불활성가스소화설비 • 이산화탄소소화설비

1. 제1류 위험물 중 무기과산화물(알칼리금속 과산화물 제외)
2. 제2류 위험물 중 인화성 고체
3. 제3류 위험물(금수성물질 제외)
4. 제4류 위험물
5. 제5류 위험물
6. 제6류 위험물

🔲 포소화설비: 1/2/3/4/5/6   옥외소화전설비: 1/2/3/5/6   불활성가스소화설비: 2/4
　　이산화탄소소화설비: 2/4

008

하이드록실아민에 대한 물음에 답하시오.

> 1. 1톤 제조하는 제조소 설치 시 방화 정보 게시한 게시판 바탕색과 글자색, 학교와의 안전거리와
>   토제 경사면 경사도

🔲 학교와의 안전거리 $D = 51.1 \cdot (지정수량배수)^{\frac{1}{3}} = 51.1 \cdot (\frac{1,000}{100})^{\frac{1}{3}} = 110.09m$

🔲 바탕색: 백색   글자색: 흑색   안전거리: 110.09m   경사도: 60도 미만

009

다음 물질의 화학식을 쓰시오.

> 1. 할론1301   2. 할론2402   3. 할론1211

🔲 1. CF_3Br 2. $C_2F_4Br_2$ 3. CF_2ClBr

010

농도 36중량% 이상인 것이 위험물되는 물질에 대한 물음에 답하시오.

1. 물질명	4. 위험등급	5. 분해반응식	9. 운반용기 외부 표시 주의사항

📋 1. 과산화수소　4. I　5. $2H_2O_2 \rightarrow 2H_2O + O_2$　9. 가연물접촉주의

011

다음 물질의 연소형태를 쓰시오.

1. 나트륨, 금속분	2. TNT, 피크린산, 트리나이트로톨루엔	3. 에탄올, 다이에틸에터

📋 1. 표면연소　2. 자기연소　3. 증발연소

012

다음 물질의 연소반응식과 생성물질의 화학식을 쓰시오.

・황	・황린	・마그네슘	・과염소산

📋 황 : $S + O_2 \rightarrow SO_2$　생성물질 : 이산화황(SO_2)
　황린 : $P_4 + 5O_2 \rightarrow 2P_2O_5$, 생성물질 : 오산화린($P_2O_5$)
　마그네슘 : $2Mg + O_2 \rightarrow 2MgO$　생성물질 : 산화마그네슘(MgO)
　과염소산 : 해당없음

013

나트륨에 적용 가능한 소화설비 4가지 쓰시오.

📋 건조사/팽창질석/팽창진주암/탄산수소염류 분말소화설비

014

표준상태에서 탄화칼슘(64g)이 물과 반응 시 발생하는 기체를 연소 시 필요한 산소 부피(L)를 구하시오.

해 $CaC_2 + 2H_2O \rightarrow Ca(OH)_2 + C_2H_2$

$CaC_2 = \dfrac{64}{64} \cdot 1 = 1mol$

$2C_2H_2 + 5O_2 \rightarrow 4CO_2 + 2H_2O$

$\quad 2 \quad : \quad 5$

$22.4L \ : \ X$

$\rightarrow X = \dfrac{5 \cdot 22.4L}{2} = 56L$

답 산소 부피 : 56L

015

다음 물질의 분해반응식을 쓰시오.

| 1. 아염소산나트륨 | 2. 염소산나트륨 | 3. 과염소산나트륨 |

답 1. $NaClO_2 \rightarrow NaCl + O_2$　　2. $NaClO_3 \rightarrow NaCl + 1.5O_2$　　3. $NaClO_4 \rightarrow NaCl + 2O_2$

016

위험물 저장량이 지정수량 1/10 초과일 때 혼재해서는 안 되는 위험물을 쓰시오.

답 제1류 위험물 : 제 2 · 3 · 4 · 5 류 위험물
　제2류 위험물 : 제 1 · 3 · 6 류 위험물
　제3류 위험물 : 제 1 · 2 · 5 · 6 류 위험물
　제4류 위험물 : 제 1 · 6 류 위험물
　제5류 위험물 : 제 1 · 3 · 6 류 위험물
　제6류 위험물 : 제 2 · 3 · 4 · 5 류 위험물

017

옥외에 구조를 바꾼 종으로 설치한 원통형 탱크에 관한 물음에 답하시오.

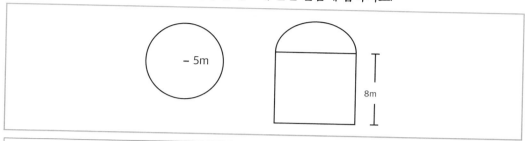

1. 용량(m^3)(탱크 공간용적 : 10%)   2. 기술검토 여부   3. 완공검사 여부   4. 정기검사 여부

📋 1. $565.49m^3$ 2. 받아야 함   3. 받아야 함   4. 받아야 함

018

이소프로필알코올 산화시켜 만든 것으로 아이오딘포름 반응하는 물질에 대한 물음에 답하시오.

1. 시성식	2. 품명	3. 지정수량	4. 증기비중

📋 1. CH_3COCH_3 2. 제1석유류(수용성)   3. 400L   4. $\dfrac{\text{아세톤분자량}}{\text{공기분자량}} = \dfrac{58}{29} = 2$

MEMO

위험물산업기사 2024년

05

필답형 기출문제

잠깐! 더 효율적인 공부를 위한 링크들을 적극 이용하세요~!

직8딴 홈페이지
- 출시한 책 확인 및 구매

직8딴 카카오오픈톡방
- 실시간 저자의 질문 답변
(주7일 아침 11시~새벽 2시까지, 전화로도 함)
- 직8딴 구매자전용 복지와 혜택 획득
(최소 달에 40만원씩 기프티콘 지급)
- 구매자들과의 소통 및 EHS 관련 정보 습득

직8딴 네이버카페
- 실시간으로 최신화되는 정오표 확인
(정오표: 책 출시 이후 발견된 오타/오류를 모아놓은 표, 매우 중요)
- 공부에 도움되는 컬러버전 그림 및 사진 습득
- 직8딴 구매자전용 복지와 혜택 획득

직8딴 유튜브
- 저자 직접 강의 시청 가능
- 공부 팁 및 암기법 획득
- 국가기술자격증 관련 정보 획득

1회 기출문제

001

동식물유류에 대한 물음에 답하시오.

1. 요오드가로 분류와 물질 4가지

답 1.

요오드가	100 이하 (불건성유)	100~130 (반건성유)	130 이상 (건성유)
물질	야자유/땅콩유/ 올리브유/피마자유	콩기름/쌀겨유/참기름/ 면실유(=목화씨유)	동유/들기름/ 아마인유/정어리기름

002

빈칸을 채우시오.

사업소의 구분	화학소방자동차	자체소방대원 수
1. 제조소 또는 일반취급소에서 취급하는 제4류 위험물의 최대수량의 합이 지정수량의 (A)천배 이상 12만배 미만인 사업소	1대	5인
2. 제조소 또는 일반취급소에서 취급하는 제4류 위험물의 최대수량의 합이 지정수량의 12만배 이상 (B)만배 미만인 사업소	2대	10인
3. 제조소 또는 일반취급소에서 취급하는 제4류 위험물의 최대수량의 합이 지정수량의 24만배 이상 (C)만배 미만인 사업소	3대	15인
4. 제조소 또는 일반취급소에서 취급하는 제4류 위험물의 최대수량의 합이 지정수량의 (D)만배 이상인 사업소	4대	20인
5. 옥외탱크저장소에 저장하는 제4류 위험물의 최대수량이 지정수량의 (E)만배 이상인 사업소	(F)대	(G)인

답 A : 3 B : 24 C : 48 D : 48 E : 50 F : 2 G : 10

003

옥외탱크저장소 방유제 안에 35만L, 15만L, 60만L의 톨루엔이 담긴 3개의 탱크가 있다.
방유제 저장용량(m^3)을 구하시오.

📋 60만 · 1.1 = 66만L = 660m^3 이상

004

담황색의 주상결정이고, 분자량 227, 폭약(TNT) 원료이며 햇빛에 다갈색으로 변하는 물질에
대한 물음에 답하시오.

1. 물질명	2. 구조식	3. 운반용기 외부 표시 주의사항

📋 1. 트리나이트로톨루엔   2.   3. 충격주의/화기엄금

005

과산화벤조일(벤조일퍼옥사이드, BPO)에 대한 물음에 답하시오.

1. 구조식	2. 옥내저장소 저장 시 바닥면적	3. 위험등급(1종/2종)

📋 1.   2. 1,000m^2 이하   3. II

006

각 물질의 열분해 반응식을 쓰시오.

1. 과염소산나트륨	2. 탄산수소칼륨	3. 과산화칼슘

📋 1. $NaClO_4 \rightarrow NaCl + 2O_2$ 2. $2KHCO_3 \rightarrow K_2CO_3 + CO_2 + H_2O$ 3. $2CaO_2 \rightarrow 2CaO + O_2$

007

탄화알루미늄에 대한 물음에 답하시오.

1. 물과의 반응식	2. 물과 반응 시 생성 기체의 화학식, 연소반응식, 증기비중

📋 1. $Al_4C_3 + 12H_2O \rightarrow 4Al(OH)_3 + 3CH_4$

    2. 화학식 : CH_4　연소반응식 : $CH_4 + 2O_2 \rightarrow CO_2 + 2H_2O$　증기비중 : $\dfrac{16}{29} = 0.55$

008

위험물안전관리법령에서 정한 제조소 중 옥외탱크저장소에 저장하는 소화난이도등급 Ⅰ에 해당하는 번호를 고르시오.

1. 과산화수소 액표면적 $40m^2$ 이상 옥외탱크저장소
2. 질산 60,000kg을 저장하는 옥외탱크저장소
3. 휘발유 110,000L 저장 지중탱크
4. 황 15,000kg 저장 지중탱크
5. 이황화탄소 500L 저장 옥외탱크저장소

📋 3/4

009

다음 위험물 중 지정수량 단위가 L인 위험물인 것에 한해 인화점 높은 순서대로 쓰시오.

1. 벤젠　2. 이황화탄소　3. 다이에틸에터　4. 염소산칼륨　5. 황린　6. 나이트로셀룰로오스

🔢 지정수량

벤젠: 200L　이황화탄소: 50L　다이에틸에터: 50L　염소산칼륨: 50kg　황린: 20kg
나이트로셀룰로오스: 10kg

인화점
벤젠: $-11℃$　이황화탄소: $-30℃$　다이에틸에터: $-40℃$　염소산칼륨: 400℃　황린: 30℃
나이트로셀룰로오스: 12℃

📋 인화점 높은 순서 : 벤젠 → 이황화탄소 → 다이에틸에터

010

분자량 76이며 특수인화물 중 물속에 저장하는 제4류위험물에 대한 물음에 답하시오.

> 1. 물질명
> 2. 연소반응식과 발생독성가스 화학식
> 3. 옥외저장탱크 저장 시 철근콘크리트 수조 두께

🗒 1. 이황화탄소   2. $CS_2 + 3O_2 \rightarrow 2SO_2 + CO_2$, 발생 독성가스 : 이산화황($SO_2$)   3. 0.2m 이상

011

각 위험물의 명칭, 화학식, 지정수량을 쓰시오.

명칭	화학식	지정수량
(A)	$C_6H_3CH_3(NO_2)_2$	(B)
과망가니즈산암모늄	(C)	1,000kg
인화아연	(D)	(E)

🗒 A : 다이나이트로톨루엔   B : 1종 : 10kg 2종 : 100kg   C : NH_4MnO_4 D : Zn_3P_2 E : 300kg

012

지하저장탱크 관련 내용이다. 물음에 답하시오.

> 1. 탱크전용실 벽 두께
> 2. 통기관의 끝부분 설치 높이
> 3. 액체위험물의 누설을 검사하기 위한 관 설치 개소
> 4. 지하저장탱크와 탱크전용실의 안쪽과의 사이 간격
> 5. 탱크 주위를 채우는 물질
> 6. 지하저장탱크 윗부분 위치

🗒 1. 0.3m 이상   2. 지면으로부터 4m 이상   3. 4개소 이상   4. 0.1m 이상
5. 마른 모래 또는 입자지름 5㎜ 이하의 마른 자갈분   6. 지면으로부터 0.6m 이상 아래

013

알루미늄에 대한 물음에 답하시오.

> 1. 물과의 반응식과 생성기체명와 그 위험도

📝 1. $2Al + 6H_2O \rightarrow 2Al(OH)_3 + 3H_2$ 생성기체 : 수소(H_2)   수소 위험도 : $\dfrac{75-4}{4} = 17.75$

014

다음 물질을 인화점이 낮은 순서대로 쓰시오.

> • 초산에틸   • 메탄올   • 에틸렌글리콜   • 나이트로벤젠

📝 초산에틸($-3℃$) → 메탄올($11.11℃$) → 나이트로벤젠($88℃$) → 에틸렌글리콜($120℃$)

015

공간용적이 있는 양쪽 볼록한 타원형 탱크 용량(m^3)의 최댓값, 최솟값을 구하시오.

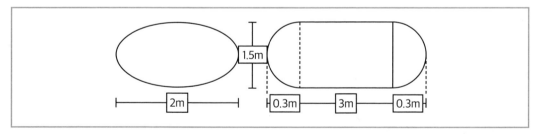

🔧 탱크의 공간용적은 탱크의 내용적의 100분의 5 이상 100분의 10 이하의 용적으로 한다.

$$V = \frac{\pi ab}{4}(\ell + \frac{\ell_1 + \ell_2}{3}) = \frac{\pi \cdot 2 \cdot 1.5}{4}(3 + \frac{0.3 + 0.3}{3}) = 7.54$$
$$\rightarrow 7.54 \cdot 0.9 = 6.79 m^3, \quad 7.54 \cdot 0.95 = 7.16 m^3$$

📝 최솟값 : $6.79m^3$ 최댓값 : $7.16m^3$

016

다음 물질 중 염산이랑 혼합시 반응하는 물질 2가지만 쓰시오.

| 1. 적린 | 2. 황린 | 3. 질산 | 4. 마그네슘 | 5. 알루미늄 |

📋 4/5

017

다음 물음에 답하시오.

1. 제조소, 취급소, 저장소를 통틀어 무엇이라 하는지 쓰시오.
2. 안전관리자 선임할 필요 없는 저장소 종류를 쓰시오.
3. 이동저장탱크에 액체위험물을 주입하는 일반취급소를 무엇이라 하는지 쓰시오.
4. 옥내저장소, 옥외탱크저장소, 옥내탱크저장소, 지하탱크저장소, 이동탱크저장소, 옥외저장소, 암반탱크저장소 외 저장소 종류를 쓰시오.
5. 주유취급소, 일반취급소, 판매취급소 외 취급소 종류를 쓰시오.

📋 1. 제조소등 2. 이동탱크저장소 3. 충전하는 일반취급소 4. 간이탱크저장소 5. 이송취급소.

018

다음 표에 혼재 가능한 것은 'O'표시, 혼재 불가능한 것은 '×'표시를 하시오.

위험물의 구분	제1류	제2류	제3류	제4류	제5류	제6류
제1류						
제2류						
제3류						
제4류						
제5류						
제6류						

해 윗 해설 참조

답

위험물의 구분	제1류	제2류	제3류	제4류	제5류	제6류
제1류		×	×	×	×	O
제2류	×		×	O	O	×
제3류	×	×		O	×	×
제4류	×	O	O		O	×
제5류	×	O	×	O		×
제6류	O	×	×	×	×	

019

다음 반응에서 발생하는 유독가스 명칭을 각각 쓰시오.

1. 질산암모늄과 물의 반응식
2. 질산칼륨 열분해반응식
3. 인화칼슘과 물의 반응식
4. 이황화탄소 연소반응식

답 1. 없음(미반응함) 2. 없음 3. 포스핀(PH_3) 4. 이산화황(SO_2)

020

트리에틸알루미늄(TEAL)에 대한 물음에 답하시오.

1. 연소반응식	2. 물과의 반응식

🔲 1. $2(C_2H_5)_3Al + 21O_2 \rightarrow 12CO_2 + 15H_2O + Al_2O_3$

   2. $(C_2H_5)_3Al + 3H_2O \rightarrow Al(OH)_3 + 3C_2H_6$

2회 기출문제

001

정전기 발생할 수 있는 설비에 정전기를 유효하게 제거할 수 있는 방법 3가지 쓰시오.

📝 접지/공기 이온화/공기 중 상대습도 70% 이상으로 유지

002

다음 조건의 탱크일 때 횡형과 종형 모양의 탱크 용량(m^3)을 구하시오.

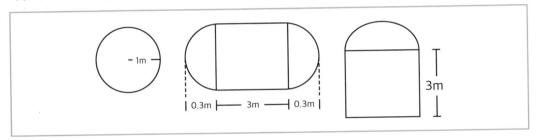

📝 횡형 : $V = \pi r^2 (\ell + \dfrac{\ell_1 + \ell_2}{3}) = \pi \cdot 1^2 (3 + \dfrac{0.3 + 0.3}{3}) = 10.05 m^3$

　종형 : $V = \pi r^2 \ell = \pi \cdot 1^2 \cdot 3 = 9.42 m^3$

📝 횡형 : $10.05 m^3$　종형 : $9.42 m^3$

003

인화성 액체 위험물 옥외탱크저장소 탱크 주위에 방유제 설치기준이다. 빈칸 채우시오.

1. 방유제는 높이 (　A　), 두께 (　B　), 지하매설깊이 1m 이상으로 할 것. 다만, 방유제와 옥외저장
   탱크 사이의 지반면 아래에 불침윤성(不浸潤性 : 수분 흡수를 막는 성질) 구조물을 설치하는 경우
   에는 지하매설깊이를 해당 불침윤성 구조물까지로 할 수 있다.
2. 방유제내의 면적은 (　C　)로 할 것
3. 방유제의 용량은 방유제안에 설치된 탱크가 하나인 때에는 그 탱크 용량의 (　D　) 이상, 2기 이상
   인 때에는 그 탱크 중 용량이 최대인 것의 용량의 (　E　) 이상으로 할 것.

📝 A : 0.5m 이상 3m 이하　B : 0.2m 이상　C : 8만㎡ 이하　D : 110%　E : 110%

004

다음 물질의 열분해반응식을 쓰시오.(없을 경우 '해당없음' 작성)

1. 과산화칼륨	2. 질산칼륨	3. 과염소산칼륨

📋 1. $2K_2O_2 \rightarrow 2K_2O + O_2$ 2. $2KNO_3 \rightarrow 2KNO_2 + O_2$ 3. $KClO_4 \rightarrow KCl + 2O_2$

005

위험물 저장량이 지정수량 1/10 초과일 때 혼재해서는 안 되는 1류와 3류, 6류 위험물을 쓰시오.

📋 제1류 위험물 : 제 2 · 3 · 4 · 5 류 위험물   제3류 위험물 : 제 1 · 2 · 5 · 6 류 위험물
   제6류 위험물 : 제 2 · 3 · 4 · 5 류 위험물

006

보기를 이용해 물음에 답하시오.

보기
• 나이트로글리세린   • 과산화벤조일   • 트리나이트로톨루엔
• 다이나이트로벤젠   • 트리나이트로페놀
1. 질산에스터류인 물질   2. 상온에선 액체이고, 겨울에는 동결하는 물질의 분해반응식

📋 1. 나이트로글리세린   2. 나이트로글리세린이고, $4C_3H_5(NO_3)_3 \rightarrow 12CO_2 + 6N_2 + O_2 + 10H_2O$

007

제1류 위험물에 대해 옳은 것을 고르시오.

1. 무기화합물	2. 유기화합물	3. 산화체	4. 인화점 0℃ 이상
5. 고체	6. 전부 탄소 성분이 있다		7. 전부 산소를 포함하고 있다
8. 전부 가연성이다	9. 전부 물과 반응한다		

🔑 1/3/5/7

008

다음 물질 중 자연발화성 물질이며 물과 반응하지 않고, 연소 시 백색 기체 발생하는 제3류 위험물에 대한 물음에 답하시오.

1. 물질명
2. 위험등급
3. 옥내저장소 저장 시 바닥면적
4. 연소반응식과 흰 연기 정체
5. 이 물질 저장된 물에 강알칼리성 염류 첨가 시 반응식과 발생 독성기체 화학식

🔑 1. 황린 2. I 3. $1,000m^2$이하 4. $P_4 + 5O_2 \rightarrow 2P_2O_5$, 흰 연기 : 오산화린($P_2O_5$)
5. $P_4 + 3KOH + 3H_2O \rightarrow 3KH_2PO_2 + PH_3$, 발생 독성기체 : 포스핀($PH_3$)

009

인화칼슘에 대한 물음에 답하시오.

1. 유별	2. 지정수량	3. 물과의 반응식과 생성기체

🔑 1. 제3류 2. 300kg 3. $Ca_3P_2 + 6H_2O \rightarrow 3Ca(OH)_2 + 2PH_3$, 생성기체 : 포스핀($PH_3$)

010

이동탱크저장소와 이동저장탱크 기준이다. 빈칸을 채우시오.

> 1. 주입호스는 내경이 (A)이고, (B)의 압력에 견딜 수 있는 것으로 하며, 필요 이상으로 길게 하지 아니할 것
> 2. 주입설비의 길이는 (C)로 하고, 그 끝부분에 축적되는 (D)를 유효하게 제거할 수 있는 장치할 것
> 3. 분당 배출량은 (E)로 할 것

📋 A : 23㎜ 이상   B : 0.3MPa 이상   C : 50m 이내   D : 정전기   E : 200L 이하

011

오황화인에 대한 물음에 답하시오.

> 1. 물과의 반응식과 생성기체명 그리고 그 기체의 연소반응식

📋 1. 물과의 반응식 : $P_2S_5 + 8H_2O \rightarrow 2H_3PO_4 + 5H_2S$, 생성기체 : 황화수소($H_2S$)
연소반응식 : $2H_2S + 3O_2 \rightarrow 2SO_2 + 2H_2O$

012

다음 물질과 양에 따른 제조소 보유공지 너비를 쓰시오.

> 1. 클로로벤젠 15,000L   2. 메탄올 9,000L   3. 아세톤 400L
> 4. 시안화수소 90,000L   5. 톨루엔 15,000L

📋 1. 5m 이상   2. 5m 이상   3. 3m 이상   4. 5m 이상   5. 5m 이상

013

다음 물질 중 지정수량이 같은 물질 3가지 쓰시오.

1. 황린	2. 철분	3. 알칼리토금속	4. 적린	5. 황	6. 황화인	7. 과염소산	8. 질산염류

📋 황화인/적린/황

014

이소프로필알코올 산화시켜 만든 것으로 아이오딘포름 반응하는 물질에 대한 물음에 답하시오.

1. 물질명	2. 아이오딘포름 화학식과 색상

📋 1. 아세톤　　2. CHI_3, 노란색

015

피리딘에 대한 물음에 답하시오.

1. 화학식	2. 증기비중

📋 1. C_5H_5N　　2. $\dfrac{79}{29} = 2.72$

016

다음 물음에 답하시오.

> 1. 항공기주유취급소에 있어서 항공기의 연료탱크에 직접 주유하기 위한 주유설비를 갖춘 이동탱크저장소
> 2. 비행장에 소속된 차량에 주유하는 주유취급소에 대한 항공기주유취급소 특례 적용여부
> 3. 다음 설명이 옳은 것은 ○, 옳지 않은 것은 × 표시 하시오.
>
>> 1. 주유호스차 또는 주유탱크차에 의하여 주유하는 때에는 주유호스의 끝부분을 항공기의 연료탱크의 급유구에 긴밀히 결합할 것
>> 2. 고정주유설비에는 당해 주유설비에 접속한 전용탱크 또는 위험물을 저장 또는 취급하는 탱크의 배관외의 것을 통하여서는 위험물을 주입하지 아니할 것
>> 3. 주유호스차 또는 주유탱크차에서 주유하는 때에는 주유호스차의 호스기기 또는 주유탱크차의 주유설비를 항공기와 전기적으로 접속할 것

目 1. 주유탱크차   2. 적용   3. O/O/O

017

다음 물질을 인화점이 낮은 순서대로 쓰시오.

> 1. 아세톤   2. 아닐린   3. 글리세린   4. 메탄올   5. 이황화탄소

目 이황화탄소($-30℃$) → 아세톤($-18.5℃$) → 메탄올($11.11℃$) → 아닐린($70℃$) → 글리세린($160℃$)

018

다음 물질의 운반용기 외부 표시 주의사항을 쓰시오.

> 1. 1류의 알칼리금속과산화물   2. 3류의 자연발화성물질   3. 5류의 자기반응성물질

目 1. 화기주의/충격주의/물기엄금/가연물접촉주의   2. 화기엄금/공기접촉엄금   3. 화기엄금/충격주의

019

다음 물질 중 불활성가스 소화설비에 적응성 있는 것을 고르시오.

1. 1류 위험물 중 알칼리금속과산화물	2. 2류 위험물 중 인화성고체	3. 3류 위험물
4. 4류 위험물	5. 5류 위험물	6. 6류 위험물

📝 2/4

020

소화설비 능력단위에 관한 표이다. 빈칸을 채우시오.

소화설비	용량	능력단위
소화전용 물통	(A)	0.3
수조(소화전용물통 3개 포함)	80L	(B)
수조(소화전용물통 6개 포함)	190L	(C)
마른 모래(삽 1개 포함)	(D)	0.5
팽창질석 또는 팽창진주암(삽 1개 포함)	(E)	1.0

📝 A: 8L   B: 1.5   C: 2.5   D: 50L   E: 160L

3회 기출문제

001

다음 물질들을 인화점이 낮은 순서로 나열하시오.

> 1. $C_6H_5C_2H_5$　　　2. C_6H_6　　　3. $C_6H_5CH_3$　　　4. $C_6H_5CH = CH_2$　　　5. $C_3H_5(OH)_3$

해 & 답 $C_6H_5C_2H_5$: 에틸벤젠($15℃$)　C_6H_6: 벤젠($-11℃$)　$C_6H_5CH_3$: 톨루엔($4℃$)
　　　$C_6H_5CH = CH_2$: 스티렌($32℃$)　$C_3H_5(OH)_3$: 글리세린($160℃$)
　　　$\rightarrow C_6H_6 < C_6H_5CH_3 < C_6H_5C_2H_5 < C_6H_5CH = CH_2 < C_3H_5(OH)_3$

002

안전관리자에 대한 내용이다. 물음에 답하시오.

> 1. (　A　)은 위험물의 안전관리에 관한 직무를 수행하게 하기 위하여 제조소등마다 대통령령이
>   정하는 위험물취급자격자를 안전관리자로 선임하여야 한다.
> 2. 안전관리자를 선임한 (　A　)은 그 안전관리자를 해임하거나 안전관리자가 퇴직한 때에는 해임
>   하거나 퇴직한 날부터 (　B　) 이내에 다시 안전관리자를 선임해야 한다.
> 3. (　A　)은 안전관리자를 선임한 경우에는 선임한 날부터 (　C　) 이내에 행정안전부령으로 정하
>   는 바에 따라 소방본부장 또는 소방서장에게 신고하여야 한다.
> 4. 안전관리자가 여행·질병 그 밖의 사유로 인하여 일시적으로 직무를 수행할 수 없을 경우 대리자
>   가 직무를 대행하는 기간을 (　D　)을 초과할 수 없다.

답 A: 제조소등의 관계인　B: 30일　C: 14일　D: 30일

003

다음 물질들 중 물과의 반응식과 분해반응식에서 산소를 발생시키는 위험물을 알아내고, 그 위험물의 물과의 반응식과 분해반응식을 쓰시오.

1. 아이오딘산칼륨	2. 질산암모늄	3. 과산화나트륨	4. 칼슘

📋 물질 : 과산화나트륨
물과의 반응식 : $2Na_2O_2 + 2H_2O \rightarrow 4NaOH + O_2$
분해반응식 : $2Na_2O_2 \rightarrow 2Na_2O + O_2$

004

금속나트륨에 대한 물음에 답하시오.

1. 지정수량	2. 물과의 반응식	3. 보호액

📋 1. 10kg   2. $2Na + 2H_2O \rightarrow 2NaOH + H_2$ 3. 석유(경유)

005

옥외탱크저장시설 위험물 취급수량에 따른 보유공지 너비에 관한 표이다. 빈칸 채우시오.

저장 또는 취급하는 위험물의 최대수량	공지의 너비
지정수량의 500배 이하	3m 이상
지정수량의 500배 초과 1,000배 이하	(A)m 이상
지정수량의 1,000배 초과 2,000배 이하	9m 이상
지정수량의 2,000배 초과 3,000배 이하	(B)m 이상
지정수량의 3,000배 초과 4,000배 이하	15m 이상
지정수량의 (C)배 초과	당해 탱크의 수평단면의 최대지름(가로형인 경우에는 긴 변)과 높이 중 큰 것과 같은 거리 이상. 다만, (D)m 초과의 경우에는 30m 이상으로 할 수 있고, (E)m 미만의 경우에는 15m 이상으로 하여야 한다.

📋 A : 5   B : 12   C : 4,000   D : 30   E : 15

006

주유취급소 관련 내용이다. 물음에 답하시오.

> 1. 셀프용고정주유설비의 1회 휘발유 연속주유량
> 2. 셀프용고정주유설비의 1회 휘발유 주유시간
> 3. 휘발유, 벤젠 그 밖에 정전기에 의한 재해가 발생할 우려가 있는 액체위험물의 옥외저장탱크의 주입구 부근에는 정전기를 유효하게 제거하기 위해 설치하는 것
> 4. 이동저장탱크의 상부로부터 위험물을 주입할 때 위험물의 액표면이 주입관의 끝부분을 넘는 높이가 될 때까지 그 주입관내의 유속
> 5. 이동저장탱크의 밑부분으로부터 위험물을 주입할 때 위험물의 액표면이 주입관의 정상부분을 넘는 높이가 될 때까지 그 주입배관내의 유속

답 1. 100L 이하   2. 4분 이하   3. 접지전극   4. 1m/s 이하   5. 1m/s 이하

007

보기의 5류 위험물들을 품명으로 구분하시오.

> 보기
> • 나이트로셀룰로오스   • 나이트로글리세린   • 나이트로글리콜   • 벤조일퍼옥사이드
> • 다이나이트로벤젠   • 나이트로메탄   • 나이트로에탄

답 질산에스터류 : 나이트로셀룰로오스/나이트로글리세린/나이트로글리콜
유기과산화물 : 벤조일퍼옥사이드
나이트로화합물 : 다이나이트로벤젠/나이트로메탄/나이트로에탄

008

다음 소화약제의 화학식을 쓰시오.

| 1. HFC-23 | 2. HFC-125 | 3. FK-5-1-12 | 4. FC-3-1-10 |

답 1. CHF_3 2. CHF_2CF_3 3. $CF_3CF_2C(O)CF(CF_3)_2$ 4. C_4F_{10}

009

염소산칼륨에 대한 물음에 답하시오.

> 1. 완전분해반응식
> 2. 염소산칼륨 25kg이 표준상태에서 완전분해 시 생성 산소 부피(m^3)

📋 1. $2KClO_3 \rightarrow 2KCl + 3O_2$

2. $O_2 = \dfrac{3}{2} \cdot \dfrac{25,000}{122.5} \cdot 22.4L \cdot \dfrac{m^3}{1,000L} = 6.86m^3$

010

공간용적이 있는 양쪽 볼록한 타원형 탱크 용량(m^3)의 최댓값, 최솟값을 구하시오.

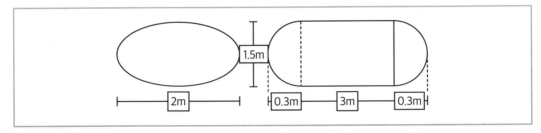

해 탱크의 공간용적은 탱크의 내용적의 100분의 5 이상 100분의 10 이하의 용적으로 한다.

$$V = \frac{\pi ab}{4}(\ell + \frac{\ell_1 + \ell_2}{3}) = \frac{\pi \cdot 2 \cdot 1.5}{4}(3 + \frac{0.3 + 0.3}{3}) = 7.54$$
$$\rightarrow 7.54 \cdot 0.9 = 6.79m^3, \quad 7.54 \cdot 0.95 = 7.16m^3$$

📋 최솟값: $6.79m^3$ 최댓값: $7.16m^3$

011

분말소화기 관련 표이다. 빈칸을 채우시오.(화학식도 쓰시오.)

분말 종류	주성분	색상	적용가능 화재등급
제1종			
제2종			
제3종			

📖

분말 종류	주성분	색상	적용가능 화재등급
제1종	중탄산나트륨($NaHCO_3$)	백색	B/C
제2종	중탄산칼륨($KHCO_3$)	담회색	B/C
제3종	제1인산암모늄($NH_4H_2PO_4$)	담홍색	A/B/C

012

다음 물음에 답하시오.(해당없을시 해당없음으로 쓴다.)

보기
• 부틸리튬   • 황린   • 나트륨   • 인화알루미늄

1. 200kPa 이하의 압력으로 불활성의 기체를 봉입해야 되는 것
2. 옥내저장소 바닥면적 1,000m^2 이하인 것
3. 물과 반응시 수소 발생하는 것

📖 1. 부틸리튬   2. 부틸리튬/황린/나트륨   3. 나트륨

013

다음 물질의 품명을 쓰시오.

> • n-부탄올   • 이소프로필알코올   • 1-프로판올   • t-부탄올   • 이소부틸알코올

🖪 n-부탄올 : 제2석유류(비수용성)   이소프로필알코올 : 알코올류   1-프로판올 : 알코올류
t-부탄올 : 제1석유류(수용성)   이소부틸알코올 : 제2석유류(비수용성)

014

다음 물질들의 위험물이 되는 조건을 쓰시오.(없으면 없음으로 쓴다.)

> • 질산   • 황   • 과산화수소   • 과염소산

🖪 질산 : 비중이 1.49 이상인 것   황 : 순도가 60중량% 이상인 것
과산화수소 : 농도가 36중량% 이상인 것   과염소산 : 없음

015

에탄올에 대한 물음에 답하시오.

> 1. 나트륨과 반응시 생성기체   2. 진한황산과의 반응식과 생성위험물 화학식
> 3. 산화시 생성물질

🖪 1. $2Na + 2C_2H_5OH \rightarrow 2C_2H_5ONa + H_2$, 생성기체 : 수소($H_2$)
2. $2C_2H_5OH \xrightarrow{C-H_2SO_4} C_2H_5OC_2H_5 + H_2O$ 생성물 : $C_2H_5OC_2H_5$(다이에틸에터)
3. 아세트알데히드(CH_3CHO)

016

흡입 시 시신경 마비시키고, 지정수량 400L인 물질에 대한 물음에 답하시오.

1. 물질명	2. 연소반응식
3. 옥내저장소 바닥면적	4. 산화시 최종 생성물(제2석유류)

📋 1. 메틸알코올(메탄올)   2. $2CH_3OH + 3O_2 \rightarrow 2CO_2 + 4H_2O$ 3. $1,000m^2$ 이하   4. 폼산(개미산)

017

제4류 위험물에 대한 내용이다. 빈칸을 채우시오.

1. "제1석유류"라 함은 아세톤, 휘발유 그 밖에 1기압에서 인화점이 섭씨 (A)도 미만인 것을 말한다.
2. "제2석유류"라 함은 등유, 경유 그 밖에 1기압에서 인화점이 섭씨 (A)도 이상 (B)도 미만 인 것을 말한다. 다만, 도료류 그 밖의 물품에 있어서 가연성 액체량이 (C)중량퍼센트 이하이 면서 인화점이 섭씨 40도 이상인 동시에 연소점이 섭씨 60도 이상인 것은 제외한다.
3. "제3석유류"라 함은 중유, 크레오소트유 그 밖에 1기압에서 인화점이 섭씨 70도 이상 섭씨 (D)도 미만인 것을 말한다.
4. "제4석유류"라 함은 기어유, 실린더유 그 밖에 1기압에서 인화점이 섭씨 200도 이상 섭씨 (E) 도 미만의 것을 말한다.

📋 A : 21   B : 70   C : 40   D : 200   E : 250

018

탄화알루미늄과 물이 반응해 생성되는 기체에 대한 물음에 답하시오.

1. 연소반응식	2. 위험도

📋 연소반응식 : $CH_4 + 2O_2 \rightarrow CO_2 + 2H_2O$ 위험도 : $\dfrac{15 - 5}{5} = 2$

019

옥내저장소에 용기를 저장하는 기준이다. 빈칸을 채우시오.

> 1. 옥내저장소에서 위험물을 저장하는 경우에는 다음 각목의 규정에 의한 높이를 초과하여 용기를
> 겹쳐 쌓지 아니하여야 한다.
> 1. 기계에 의하여 하역하는 구조로 된 용기만을 겹쳐 쌓는 경우에 있어서는 (A)
> 2. 제4류 위험물 중 제3석유류, 제4석유류 및 동식물유류를 수납하는 용기만을 겹쳐 쌓는 경우에
> 있어서는 (B)
> 3. 제4류 위험물 중 동식물유류를 수납하는 용기만을 겹쳐 쌓는 경우에 있어서는 (C)
> 4. 그 밖의 경우에 있어서는 3m

답 A : 6m   B : 4m   C : 4m

020

다음 표에 혼재 가능한 것은 '○'표시, 혼재 불가능한 것은 '×'표시를 하시오.

위험물의 구분	제1류	제2류	제3류	제4류	제5류	제6류
제1류						
제2류						
제3류						
제4류						
제5류						
제6류						

답

위험물의 구분	제1류	제2류	제3류	제4류	제5류	제6류
제1류		×	×	×	×	○
제2류	×		×	○	○	×
제3류	×	×		○	×	×
제4류	×	○	○		○	×
제5류	×	○	×	○		×
제6류	○	×	×	×	×	

위험물산업기사

06

미출시 필답형 문제
(신출 대비)

잠깐! 더 효율적인 공부를 위한 링크들을 적극 이용하세요~!

직8딴 홈페이지
- 출시한 책 확인 및 구매

직8딴 카카오오픈톡방
- 실시간 저자의 질문 답변
(주7일 아침 11시~새벽 2시까지, 전화로도 함)
- 직8딴 구매자전용 복지와 혜택 획득
(최소 달에 40만원씩 기프티콘 지급)
- 구매자들과의 소통 및 EHS 관련 정보 습득

직8딴 네이버카페
- 실시간으로 최신화되는 정오표 확인
(정오표: 책 출시 이후 발견된 오타/오류를 모아놓은 표, 매우 중요)
- 공부에 도움되는 컬러버전 그림 및 사진 습득
- 직8딴 구매자전용 복지와 혜택 획득

직8딴 유튜브
- 저자 직접 강의 시청 가능
- 공부 팁 및 암기법 획득
- 국가기술자격증 관련 정보 획득

001

표준상태에서 중탄산나트륨 15kg 1차 열분해 시 생성되는 이산화탄소 부피(m^3)를 구하시오.

해 $2NaHCO_3 \rightarrow Na_2CO_3 + CO_2 + H_2O$

$NaHCO_3 = \dfrac{15,000}{84} = 178.571 mol$

$CO_2 = 178.571 \cdot \dfrac{1}{2} = 89.286 mol$

$\rightarrow 89.286 \cdot 22.4L \cdot \dfrac{m^3}{1,000L} = 2m^3$

답 $2m^3$

002

산, 알칼리 소화기 반응식과 탄산가스 88g 생성 시 필요한 황산의 몰 수를 구하시오.

해 $2NaHCO_3 + H_2SO_4 \rightarrow Na_2SO_4 + 2CO_2 + 2H_2O$

탄산가스 $CO_2 = \dfrac{88}{44} = 2mol$

$\rightarrow H_2SO_4 = \dfrac{1}{2} \cdot 2 = 1mol$

답 1몰

003

350℃, 2기압에서 탄산마그네슘($MgCO_3$) 1kg 산화 시 부피(L)를 구하시오.

해 $PV = \dfrac{W}{M}RT \rightarrow V = \dfrac{WRT}{MP} = \dfrac{1,000 \cdot 0.0821 \cdot (273+350)}{84.3 \cdot 2} = 303.37L$

답 303.37L

004

제2류 위험물 저장방법 3가지 쓰시오.

답 1. 화기를 피하고 불티, 불꽃, 고온체와의 접촉을 피한다.
2. 산화제(제1류 위험물, 제6류 위험물)와의 혼합 또는 접촉을 피한다.
3. 철분, 마그네슘, 금속분은 물, 습기, 산과의 접촉을 피한다.

005

다음 물질을 분해온도가 낮은 순으로 쓰시오.

·과산화바륨	·과염소산암모늄	·염소산칼륨

답 과염소산암모늄(130℃) → 염소산칼륨(400℃) → 과산화바륨(840℃)

006

크레졸 이성질체 3가지 명칭과 구조식을 쓰시오.

답

m-크레졸	o-크레졸	p-크레졸

007

마그네슘 100kg, 제3석유류(비수용성) 200L, 아닐린이 동일장소에 저장돼있고, 아닐린을 얼마까지 저장할 경우 지정수량 이하가 되는지 구하시오.

해 마그네슘 $= \dfrac{100}{500} = 0.2$, 제3석유류 $= \dfrac{200}{2,000} = 0.1$

지정수량 이하가 되려면 총합이 1 이하여야 된다.

$\rightarrow$ 아닐린 $+ 0.2 + 0.1 \leq 1 \rightarrow \dfrac{X}{2,000} \leq 0.7 \rightarrow X \leq 1,400$

관련 법: 둘 이상의 위험물을 같은 장소에서 저장 또는 취급하는 경우에 있어서 당해 장소에서 저장 또는 취급하는 각 위험물의 수량을 그 위험물의 지정수량으로 각각 나누어 얻은 수의 합계가 1 이상인 경우 당해 위험물은 지정수량 이상의 위험물로 본다.

답 1,400L

008

다음 물음에 답하시오.

1. 염소산칼륨 250톤 취급하는 제조소
2. 염소산칼륨 250톤 취급하는 일반취급소
3. 특수인화물 250kL 취급하는 제조소
4. 특수인화물 250kL을 이동저장탱크에 주입하는 일반취급소
5. 포수용액 비치량은 10만L 이상으로 한다.
6. 포수용액 방사차는 전체 소방차 대수의 2/3 이상으로 한다.
7. 2개 이상의 사업소가 협력하기로 한 경우 같은 사업장으로 본다.
8. 포수용액 방사차 방사능력은 3,000L/min 이상이다.

1. 1~4중 자체소방대를 둬야 하는 것을 고르시오.
2. 3의 화학소방차 1대 당 필요인원수
3. 자체소방대 설치하지 않을 시 처벌 종류
4. 5~8중 잘못된 것을 고르시오.

해설과 정답은 다음 페이지에~!

해

사업소의 구분	화학소방자동차	자체소방대원 수
1. 제조소 또는 일반취급소에서 취급하는 제4류 위험물의 최대수량의 합이 지정수량의 3천배 이상 12만배 미만인 사업소	1대	5인
2. 제조소 또는 일반취급소에서 취급하는 제4류 위험물의 최대수량의 합이 지정수량의 12만배 이상 24만배 미만인 사업소	2대	10인
3. 제조소 또는 일반취급소에서 취급하는 제4류 위험물의 최대수량의 합이 지정수량의 24만배 이상 48만배 미만인 사업소	3대	15인
4. 제조소 또는 일반취급소에서 취급하는 제4류 위험물의 최대수량의 합이 지정수량의 48만배 이상인 사업소	4대	20인
5. 옥외탱크저장소에 저장하는 제4류 위험물의 최대수량이 지정수량의 50만배 이상인 사업소	2대	10인

1. 자체소방대는 제4류 위험물을 취급하는 제조소 또는 일반취급소, 옥외탱크저장소에 설치하니 이동저장탱크는 제외(4X)

   염소산칼륨은 제1류이므로 제외(1,2X)

   특수인화물 지정배수는 $\frac{250,000}{50}$ = 5,000배이니 1대/5인이다.

2. 다음 각 호의 어느 하나에 해당하는 자는 1년 이하의 징역 또는 1천만원 이하의 벌금에 처한다.
   규정을 위반하여 자체소방대를 두지 아니한 관계인으로서 규정에 따른 허가를 받은 자

3.

화학소방자동차의 구분	소화능력 및 설비의 기준
포수용액 방사차	포수용액의 방사능력이 매분 2,000L 이상일 것
	소화약액탱크 및 소화약액혼합장치를 비치할 것
	10만L 이상의 포수용액을 방사할 수 있는 양의 소화약제를 비치할 것

4. 포수용액을 방사하는 화학소방자동차 대수는 규정에 의한 화학소방자동차 대수 3분의 2 이상으로 한다. 규정에 의하여 2 이상의 사업소가 상호응원에 관한 협정을 체결하고 있는 경우 당해 모든 사업소를 하나의 사업소로 보고 제조소 또는 취급소에서 취급하는 제4류 위험물을 합산한 양을 하나의 사업소에서 취급하는 제4류 위험물 최대수량으로 간주하여 동항 본문 규정에 의한 화학소방자동차 대수 및 자체소방대원을 정한다.

답 1. 3   2. 5인   3. 1년 이하의 징역 또는 1천만 원 이하의 벌금   4. 8

009

자연발화의 요인 4가지 쓰시오.

답 온도/수분/발열량/열 축적/열 전도율/공기접촉 표면적

010

안전거리 기준이다. 빈칸을 채우시오.

> 건축물 등은 부표의 기준에 의하여 불연재료로 된 방화상 유효한 (　A　)을 설치하는 경우에는
> 동표의 기준에 의하여 안전거리를 단축할 수 있다.

🖺 건축물 등은 부표의 기준에 의하여 불연재료로 된 방화상 유효한 담 또는 벽을 설치하는 경우에는 동표의
기준에 의하여 안전거리를 단축할 수 있다.

🔑 A : 담 또는 벽

011

벤젠에 관한 물음에 답하시오.

> 1. 위험물안전카드 소지 필수여부　　　　　2. 운송시 반드시 2명 이상의 운송자 필요여부

🖺 벤젠은 제4류위험물 제1석유류이다.
  1. 위험물운송자는 장거리(고속국도에 있어서는 340km 이상, 그 밖의 도로에 있어서는 200km 이상을 말한
     다)에 걸치는 운송을 하는 때에는 2명 이상의 운전자로 할 것. 다만, 다음의 1에 해당하는 경우에는 그러하
     지 아니하다.
     1) 제1호가목의 규정에 의하여 운송책임자를 동승시킨 경우
     2) 운송하는 위험물이 제2류 위험물·제3류 위험물(칼슘 또는 알루미늄의 탄화물과 이것만을 함유한 것에
        한한다)또는 제4류 위험물(특수인화물을 제외한다)인 경우
     3) 운송도중에 2시간 이내마다 20분 이상씩 휴식하는 경우
  2. 운전자가 운송책임자의 자격이 있는 경우에는 운송책임자의 자격이 없는 자가 동승할 수 있다.
  3. 위험물(제4류 위험물에 있어서는 특수인화물 및 제1석유류에 한한다)을 운송하게 하는 자는 별지 제48호
     서식의 위험물안전카드를 위험물운송자로 하여금 휴대하게 할 것

🔑 1. 소지해야 함　　2. 필요 없음

012

옥내저장소의 피뢰침 기준이다. 빈칸을 채우시오.

> 지정수량의 (A)배 이상의 저장창고(제6류 위험물의 저장창고를 제외한다)에는 피뢰침을 설치하여야 한다.

🈹 지정수량의 10배 이상의 저장창고(제6류 위험물의 저장창고를 제외한다)에는 피뢰침을 설치하여야 한다. 다만, 저장창고의 주위의 상황에 따라 안전상 지장이 없는 경우에는 피뢰침을 설치하지 아니할 수 있다.

🈯 10

013

컨테이너식 이동탱크저장소의 특례기준이다. 빈칸을 채우시오.

> 1. 이동저장탱크는 옮겨 싣는 때에 이동저장탱크하중에 의하여 생기는 (A)에 대하여 안전한 구조로 할 것
> 2. 컨테이너식 이동탱크저장소에는 이동저장탱크하중의 (B)의 전단하중에 견디는 (C) 및 모서리체결금속구를 설치할 것.

🈹 컨테이너식 이동탱크저장소의 특례
이동저장탱크를 차량 등에 옮겨 싣는 구조로 된 이동탱크저장소(이하"컨테이너식 이동탱크저장소"라 한다)에 대하여는 IV의 규정을 적용하지 아니하되, 다음 각목의 기준에 적합하여야 한다.
가. 이동저장탱크는 옮겨 싣는 때에 이동저장탱크하중에 의하여 생기는 응력 및 변형에 대하여 안전한 구조로 할 것
나. 컨테이너식 이동탱크저장소에는 이동저장탱크하중의 4배의 전단하중에 견디는 걸고리체결금속구 및 모서리체결금속구를 설치할 것. 다만, 용량이 6,000L 이하인 이동저장탱크를 싣는 이동탱크저장소의 경우에는 이동저장탱크를 차량의 섀시프레임(차대 고정틀)에 체결하도록 만든 구조의 유(U)자볼트를 설치할 수 있다.
다. 컨테이너식 이동탱크저장소에 주입호스를 설치하는 경우에는 IV의 기준에 의할 것

🈯 A: 응력 및 변형 B: 4배 C: 걸고리체결금속구

014

안전관리대행기관의 지정기준에 필요한 장비 2가지 쓰시오.

해 1. 절연저항계(절연저항측정기)
2. 접지저항측정기(최소눈금 0.1Ω 이하)
3. 가스농도측정기(탄화수소계 가스의 농도측정이 가능할 것)
4. 정전기 전위측정기
5. 토크렌치(Torque Wrench: 볼트와 너트를 규정된 회전력에 맞춰 조이는 데 사용하는 도구)
6. 진동시험기
7. 표면온도계($-10℃ \sim 300℃$)
8. 두께측정기($1.5\text{mm} \sim 99.9\text{mm}$)
9. 안전용구(안전모, 안전화, 손전등, 안전로프 등)
10. 소화설비점검기구(소화전밸브압력계, 방수압력측정계, 포콜렉터, 헤드렌치, 포콘테이너

답 토크렌치/진동시험기

015

한 화학회사의 대표가 위험물 저장 또는 취급에 관한 세부기준을 2번째로 지키지 않았다. 과태료는 얼마인지 쓰시오.

해 위험물의 저장 또는 취급에 관한 세부기준을 위반한 경우
1차 위반: 250만원   2차 위반: 400만원   3차 이상 위반: 500만원

답 400만원

016

정밀 및 중간정기검사의 결함분류기준 항목 4가지 쓰시오.

해 밑판(에뉼러판 포함)에 관한 사항/옆판에 관한 사항/지붕에 관한 사항/탱크 내부에 관한 사항/기초에 관한 사항/소화설비에 관한 사항/경보설비에 관한 사항/피뢰설비 및 접지시설에 관한 사항/부속설비 등에 관한 사항/방유제에 관한 사항/펌프설비에 관한 사항/표지 및 게시판에 관한 사항

답 밑판에 관한 사항/옆판에 관한 사항/지붕에 관한 사항/기초에 관한 사항

017

다음 빈칸을 채우시오.

> 규정에 의하여 주유취급소 중 건축물의 2층 이상의 부분을 점포 · 휴게음식점 또는 전시장의 용도로
> 사용하는 것과 옥내주유취급소에는 (　A　)를 설치하여야 한다.

🔲 규정에 의하여 주유취급소 중 건축물의 2층 이상의 부분을 점포 · 휴게음식점 또는 전시장의 용도로 사용하는 것과 옥내주유취급소에는 피난설비를 설치하여야 한다.

🔲 A : 피난설비

018

질산은과 염산의 반응식을 쓰시오.

🔲 $AgNO_3 + HCl \rightarrow AgCl + HNO_3$

019

법에 의해 관계인이 예방규정을 정해야 하는 제조소등 종류 3가지 쓰시오.

🔲 관계인이 예방규정을 정하여야 하는 제조소등
  1. 지정수량의 10배 이상의 위험물을 취급하는 제조소
  2. 지정수량의 100배 이상의 위험물을 저장하는 옥외저장소
  3. 지정수량의 150배 이상의 위험물을 저장하는 옥내저장소
  4. 지정수량의 200배 이상의 위험물을 저장하는 옥외탱크저장소
  5. 암반탱크저장소
  6. 이송취급소
  7. 지정수량의 10배 이상의 위험물을 취급하는 일반취급소. 다만, 제4류 위험물(특수인화물을 제외한다)만을 지정수량의 50배 이하로 취급하는 일반취급소(제1석유류 · 알코올류의 취급량이 지정수량의 10배 이하인 경우에 한한다)로서 다음 각목의 어느 하나에 해당하는 것을 제외한다.
    가. 보일러 · 버너 또는 이와 비슷한 것으로서 위험물을 소비하는 장치로 이루어진 일반취급소
    나. 위험물을 용기에 옮겨 담거나 차량에 고정된 탱크에 주입하는 일반취급소

🔲 이송취급소/암반탱크저장소/지정수량 10배 이상의 위험물 취급하는 제조소

020

제조소등의 관계인이 예방규정의 작성 시 포함사항 4가지 쓰시오.

해 1. 위험물의 안전관리업무를 담당하는 자의 직무 및 조직에 관한 사항
2. 안전관리자가 여행·질병 등으로 인하여 그 직무를 수행할 수 없을 경우 그 직무의 대리자에 관한 사항
3. 규정에 의하여 자체소방대를 설치하여야 하는 경우에는 자체소방대의 편성과 화학소방자동차의 배치에 관한 사항
4. 위험물의 안전에 관계된 작업에 종사하는 자에 대한 안전교육 및 훈련에 관한 사항
5. 위험물시설 및 작업장에 대한 안전순찰에 관한 사항
6. 위험물시설·소방시설 그 밖의 관련시설에 대한 점검 및 정비에 관한 사항
7. 위험물시설의 운전 또는 조작에 관한 사항
8. 위험물 취급작업의 기준에 관한 사항
9. 이송취급소에 있어서는 배관공사 현장책임자의 조건 등 배관공사 현장에 대한 감독체제에 관한 사항과 배관주위에 있는 이송취급소 시설 외의 공사를 하는 경우 배관의 안전확보에 관한 사항
10. 재난 그 밖의 비상시의 경우에 취하여야 하는 조치에 관한 사항
11. 위험물의 안전에 관한 기록에 관한 사항
12. 제조소등의 위치·구조 및 설비를 명시한 서류와 도면의 정비에 관한 사항
13. 그 밖에 위험물의 안전관리에 관하여 필요한 사항

답 위험물시설 운전/위험물 취급작업 기준/소방시설에 대한 점검/작업장에 대한 안전순찰

MEMO

2025 [직8딴]
직접 8일 만에 딴 위험물산업기사 실기

발행일   2025년 6월 1일(2쇄)

발행처   인성재단(지식오름)

발행인   조순자

편저자   김진태(EHS MASTER)
 이메일 : ehs_master@naver.com
 인스타 : @ehs_master(저자 소식 확인)
 홈페이지 : www.ehs-master.com(회사/저자/책 정보, 책 구매)
 카페 : cafe.naver.com/ehsmaster(정오표 확인)
 유튜브 : '도비전문가' 검색

정가   26,000원   **ISBN**   979-11-94539-60-5